国も推奨！ 今、最も注目の 国家資格

「キャリアコンサルタント」で自立する方法

カリエーレ・コンサルタンツ
代表 佐渡治彦

合同フォレスト

はじめに

　２０１１年秋、世の中が東日本大震災の悲しみに暮れる中、私は当時まだ民間資格だったキャリアコンサルタントの資格を取得しました。

　周りの人たちに「資格を取ったよ」と言っても、「ふ〜ん」といった素っ気ない反応でした。しかし、２０１６年、この資格が国家資格になった後、「キャリアコンサルタントの資格を持っているよ」と言うと、「どんな資格なの？　どうやって取ったの？」と興味をもってもらえるようになり、明らかに周りの反応が変わりました。

　いま、社会全体で「働き方改革」が叫ばれるようになり、これまでの仕事の取り組み方に劇的な改革を求められるようになっています。そんな労働環境の過渡期で、国家資格としてキャリアコンサルタントは登場したのです。

　とはいえ、国家資格キャリアコンサルタントは、まだまだ知る人ぞ知る資格ではないでしょうか。また、資格は取得したものの、それをどうやって仕事に結びつけたらいいかわからない人たちが多いのではないでしょうか。
今回、こうした人たちにどうやってキャリアコンサルタントの資格を仕事に結びつけるかを紹介したいと思ったことが、この本を書いた動機です。

周りのキャリアコンサルタント資格取得者の話を聞くと、「資格を取っても仕事がない」「どうやって仕事を見つけるの？」「どうせ国がすすめているだけで、われわれの仕事に結びつかないよ」といった声が多く聞こえてきます。また、キャリアコンサルタント資格は、単に「国家公認の資格ビジネス」と辛辣な意見もあります。

確かに、キャリアコンサルタント資格を活かした仕事はまだ多くはありません。企業の人事・総務や学校やハローワーク、人材会社での相談業務などに限られているかもしれません。また、資格取得、更新には多大な費用がかかるのも事実です。

ただ、民間資格時代のキャリアコンサルタントを知っている私にとっては、国家資格昇格後の社会のキャリアコンサルタント資格に対する注目度は明らかに変わってきているという実感があります。また、クライアントと接していても、キャリアコンサルタントに対する期待度が大きいことを肌で感じます。

この本では、これまで私がキャリアコンサルタントとして仕事に結びつけた経験をもとに、どうしたらキャリアコンサルタントとして自立できるかを書いています。すでに私よりも社会貢献し、多くの報酬を得ているキャリアコンサルタントは日本にはいくらでもいます。

現代は「人生１００年時代」と言われています。定年後のセカンドキャリアをいかに活動していくか考えている人もいるでしょう。また、資格を取得して独立を考えている人、転職や独立を考えているサラリーマン、家計を助けたい主婦の方、そしてキャリアコンサルタントって何をしている人なのだろうと興味をもっている学生さん、さらに現在活躍中あるいはペーパー資格のすべてのキャリアコンサルタントの皆さん、ほかにもできるだけ多くの人に読んでいただきキャリアコンサルタントの可能性を知っていただければと思います。

佐渡　治彦

目次

第2章　自立する準備方法

第3章 公共関連ビジネスへの展開法

第4章 セルフ・キャリアドック（企業領域キャリアコンサルタント）の展開法

第1章

国家資格キャリアコンサルタントとは

1 今がチャンス！　キャリアコンサルタントの魅力

労働環境が大転換期を迎えた

現在、日本の労働環境は大きな転換期を迎えています。

街のコンビニで外国人スタッフを見かけない日はありません。少子高齢化、ＩＴ、ＡＩ化、働き方改革、女性活躍推進、人生１００年時代、終身雇用制度崩壊など、労働環境の話題を耳にしない日もありません。

それまでは民間資格として存在していて、いくつもの民間団体がそれぞれ「キャリアカウンセラー」「キャリアアドバイザー」などの名称で資格を出していました。２０１５年の通常国会において成立した「勤労青少年福祉法等の一部を改正する法律」によって「職業能力開発促進法」が改正されたことにより、２０１６年4月1日、キャリアコンサルタント登録制度が創設され、国家資格に昇格したのです。

厚生労働省は「キャリアコンサルタント10万人養成計画」を掲げ、２０２４年までに現在（２０２２年8月）の約6万人から10万人へ増やすことを目指しています。

終身雇用制度の崩壊

なぜ今の時代、キャリアコンサルタントが必要とされているのでしょうか？

経団連（一般社団法人日本経済団体連合会）の中西宏明前会長やトヨタの豊田章男社長が指摘しているように、大企業でさえ終身雇用制度が維持できなくなっているのです。ましてや、中小企業の労働環境はさらに厳しくなっています。少子高齢化、国際化、ＩＴ、ＡＩ化などが誘因になって、働き方を見直さなければならない時代に突入したのです。

これまで自律的、主体的に働いて成果を出してきた会社員は、このような労働環境の変化にも対応できるかもしれませんが、終身雇用制度を拠り所にして指示・命令だけを聞いて働いてきた会社員には厳しい現実が待ち構えています。

終身雇用制度崩壊によって、会社に忠誠（ロイヤリティ）を誓えば職業人生を保証してくれる時代はすでに終わったのです。

また、２０２０年に発生し、世界中をパニックに陥れた新型コロナウィルスの影響により、飲食サービス業をはじめとする多くの企業が経営不振に陥り、リーマンショック以上のリストラや失業者の急増が予期されます。こうした危機的状況のときこそ、キャリアコンサルタントがさらに必要とされると思います。

途方に暮れてしまった方々を前向きにさせ、「ピンチをチャンスに変える」行動をとれるよう、キャリアコンサルタントが支援することが社会から求められると考えます。

自律的、主体的なキャリア形成が必須の時代

人生100年時代と言われる現代、いかに自分のキャリアを自律的、主体的に将来設計を描きながら形成していくかということが、幸せな人生を送る上で重要なポイントになっています。

このような日本社会の現状で、良き相談相手としてのキャリアコンサルタントが求められているのです。

「あの人はキャリアがある」などという言葉が用いられるように、キャリアという言葉は「実績」あるいは「実績がある人」と理解されています。もちろんそういう意味で使うこともありますが、キャリアの意味をもっと広く、「職業人生」「プライベートを含めた生活の軌跡」と考える必要がある時代です。「人生」と置き換えてもいいかもしれません。

キャリアのある人は、「会社の指示・命令がなくても1人で仕事ができて会社、社会に

図1－1　キャリアコンサルティングが役立ったことの内訳（複数回答）

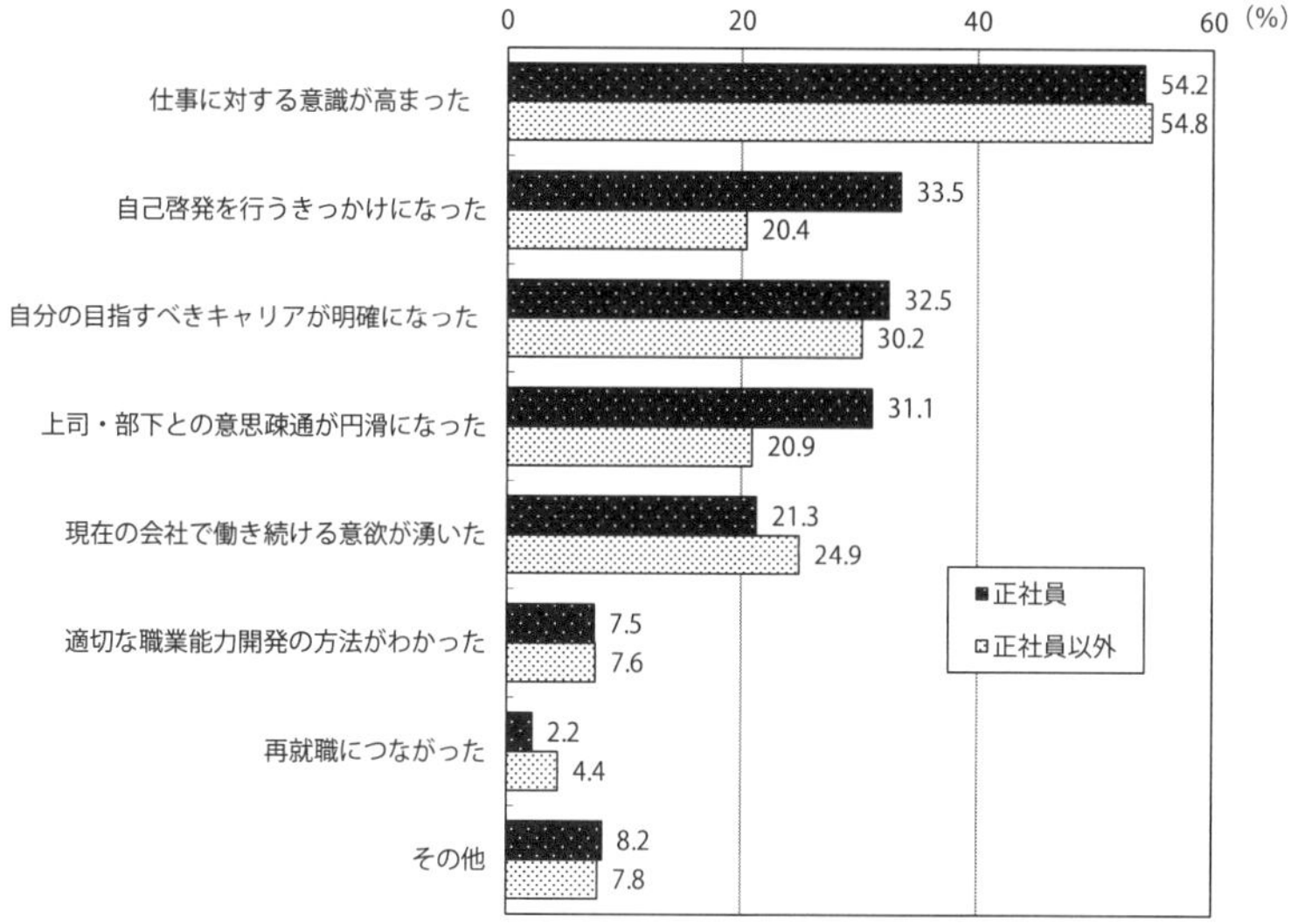

厚生労働省「能力開発基本調査」（2017年）

貢献できる人」という意味でもあるでしょう。もちろん、自分の人生を楽しんだ上でのことです。

「そんなことは人に相談しなくてもできる」という人もいるでしょう。しかし、私は民間資格時代のキャリアコンサルティングを含めた11年間、この業務に従事してきて、自分のキャリアを誰にも相談できずに1人で悶々と悩んでいる人を多く見てきました。また、キャリアコンサルティングを受けたことが役に立ったというデータもあります（図1－1）。

2 民間資格から国家資格に昇格！

キャリア・コンサルタントが国家資格に

２０００年頃から民間団体が独自のカリキュラムで運営する民間資格が普及してきましたが、この民間資格をキャリア形成促進助成金（現・人材開発支援助成金）の対象となる「キャリア・コンサルタント能力評価試験」に厚生労働省が指定したことが、この資格が世に知られる大きな転換点になりました。

この試験に合格した人たちを「標準レベルのキャリア・コンサルタント」と呼び、当初は団体ごとに試験内容が違っていましたが、整備が進んで現在の国家資格試験となったのです。

現在、キャリア・コンサルタント、キャリア・コンサルティングの「・」が取れて、「キャリアコンサルタント」「キャリアコンサルティング」の表記に変更となりました。「キャリアコンサルタント」を名乗るためには、国家試験に合格して国が指定した機関に登録しなければならなくなりました。

表1-1 厚生労働省が認定するキャリアコンサルタント養成講習

実施機関	講座名
特定非営利活動法人日本キャリア・マネージメント・カウンセラー協会	「CMCAキャリアコンサルタント養成講習」
特定非営利活動法人キャリアカウンセリング協会	「GCDF-Japan キャリアカウンセラートレーニングプログラム」
パーソルテンプスタッフ株式会社	「GCDF-Japan キャリアカウンセラートレーニングプログラム」
有限会社キャリアサポーター	「ICDSキャリアコンサルタント養成講座」
一般社団法人日本産業カウンセラー協会	「一般社団法人日本産業カウンセラー協会キャリアコンサルタント養成講習」
株式会社テクノファ	「キャリアコンサルタント養成講座」
株式会社リカレント	「キャリアコンサルタント養成講座」 「キャリアコンサルタント養成ライブ通信講座」
株式会社日本マンパワー	「キャリアコンサルタント養成講座CDA資格対応（総合)」
学校法人大原学園	「キャリアコンサルタント（通学・通信）養成講習」
公益財団法人関西カウンセリングセンター	「公益財団法人関西カウンセリングセンターキャリアコンサルタント養成講習」
公益財団法人関西生産性本部	「公益財団法人関西生産性本部キャリアコンサルタント養成講座」
公益財団法人日本生産性本部	「キャリアコンサルタント養成講座」
株式会社東京リーガルマインド	「LEC東京リーガルマインドキャリアコンサルタント養成講座」
ヒューマンアカデミー株式会社	「キャリアコンサルタント養成講座」
株式会社パソナ	「100年キャリア講座キャリアコンサルタント養成講習」
一般社団法人地域連携プラットフォーム	「キャリアコンサルタント養成講習」
特定非営利活動法人日本カウンセリングカレッジ	「NCCPキャリアコンサルタント養成講習」
株式会社キャリアドライブ	「トータルリレイションキャリアコンサルタント養成講習」
株式会社グローバルテクノ	「キャリアコンサルタント養成講習」
株式会社労働調査会	「キャリアコンサルタント養成講習」

＊詳細は各講習実施機関のホームページでご確認ください。

著者作成

キャリアコンサルタントの試験を受けるためには、厚生労働大臣の認定を受けた講習を受講する必要があります。2022年4月1日現在、21の養成講習が認定を受けています（表1－1）。

「キャリアコンサルタント」を自称したり、紛らわしい名称を用いた場合には、30万円以下の罰金に処せられます。また、業務に関しては守秘義務が規定されています。

キャリアコンサルタントの登録を継続するには5年ごとに更新手続きが必要です。更新するためには所定の講習を受講しなければなりません（34ページ参照）。

3 取得しやすい国家資格

「時間・金・やる気」が必要

国家資格というと、難関と言われる医師、弁護士、公認会計士などは、子どもの頃から優秀な人でも毎日勉強しなければならないので、自分とは縁のないものと思っている人もいるのではないでしょうか。

キャリアコンサルタント資格は、「時間・金・やる気」さえあれば取得できる可能性の高い資格です。もちろん、学科試験に合格するにはキャリアコンサルティングの社会的意義、理論、職業能力開発促進法などの関係法令や実務、倫理、行動などを勉強する必要があります。

いま、生涯にわたり、教育と職業を交互に繰り返すことで職業スキルなどを高め続けるリカレント教育が推奨されていますが、この国家資格はうってつけのものではないでしょうか。

養成講習を真面目に受講すれば、学科試験は合格できる可能性の高い試験です。論述試験、面接試験に合格するには、対策が必要ですが、養成講習をきっかけとして同じ目標をもつ仲間と情報交換ができるので、やる気があれば合格できます。

ただ、最近は「キャリアコンサルタントの国家資格は簡単だ」というイメージが広まってきたのか、年々試験問題がむずかしくなっているようで、合格率は平均して50～70％程度なので、やはり油断は禁物です。

国家試験を受けるには

キャリアコンサルタント国家試験は、次のいずれかの要件を満たした人が受験できます（実務経験者、民間資格から国家資格への経過措置の対象者は除く）。

・厚生労働大臣が認定する講習の課程を修了した者
・労働者の職業の選択、職業生活設計又は職業能力開発及び向上のいずれかに関する相談に関し3年以上の経験を有する者
・技能検定キャリアコンサルティング職種の学科試験又は実技試験に合格した者
・上記の項目と同等以上の能力を有する者

（厚生労働省ホームページより）

カリキュラムは150時間以上で、スクーリングが必須である通学、通信教育もあり、期間は3～6か月が一般的です。費用は団体によって異なりますが、おおよそ30万円程度です（表1－1参照。詳細は各団体のホームページ等で調べてみてください）。

専門実践教育訓練を活用しよう

養成講座を受講する際は、講座の中には厚生労働省が指定した講座があり、所定の条件をクリアすれば最大70％の給付金が支給されます。給付金が支給されれば、実質10万円程度の費用負担で済みます。

専門実践教育訓練給付金を受給するには講習の受講開始前に、ハローワークで「訓練前キャリアコンサルティング」（第3章の「公共関連ビジネスへの展開法」を参照）を受けなければなりません。受給資格があるか、申請はいつまでにすればよいのかなど、ハローワークに問い合わせて確認してください。受給できるのに手続きを間違えて受給できないケースもあるので、慎重に手続きを行ってください。

4 国家試験の内容

試験実施団体は2団体

キャリアコンサルタントの国家資格試験は、厚生労働省から指定を受けた試験実施団体

図 1－2　国家試験の試験概要（試験区分／出題形式）

試験区分	学科	実技	
		論述試験	面接試験
出題形式	**筆記試験** 四肢択一のマークシート方式による回答	**記述式** 逐語記録を読み、設問に解答する	**ロールプレイ：** ・ロールプレイは実際のキャリアコンサルティング場面を想定して、面談開始から最初の 15 分間という設定で行う。ロールプレイでは、キャリアコンサルタントとして相談者を尊重する態度や姿勢（身だしなみを含む）で、相談者との関係を築き、問題を捉え、面談を通じて相談者が自分に気づき、成長するような応答、プロセスを心がける ・受験者がキャリアコンサルタント役となり、キャリアコンサルティングを行う **口頭試問：** ・自らのキャリアコンサルティングについて試験官からの質問に答える
試験時間	100 分	50 分	20 分（ロールプレイ 15 分／口頭試問 5 分）
合格基準	100 点満点で 70 点以上の得点	150 点満点で 90 点以上の得点。 ただし論述試験の満点の 40% 以上、かつ面接試験の評価区分の中の「主訴・問題の把握」「具体的展開」「傾聴」のいずれにおいても満点の 40% 以上の得点が必要	
受験料（税込）	8,900 円	29,900 円	

・試験は、日本語で行われます。
・学科試験と実技試験（論述および面接）で行われ、個別の受験が可能です。
・学科試験については、特定非営利活動法人キャリアコンサルティング協議会と共同で、同一日に共通問題で実施します。
・受験申請受理後は受験料の返還はできません。また、次回以降の試験への振替もできません。

特定非営利活動法人日本キャリア開発協会

図1－3　国家試験の試験形式

■試験形式

試験区分	学科	実技	
		論述	面接
出題形式	四肢択一のマークシート	記述式回答（事例記録を読み、設問に解答する）	ロールプレイ （受験者がキャリアコンサルタント役となり、キャリアコンサルティングを行う） ロールプレイは実際のキャリアコンサルティング場面を想定して、面談開始から最初の15分という設定で行います。 ロールプレイでは、キャリアコンサルタントとして相談者を尊重する態度や姿勢（身だしなみを含む）で、相談者との関係を築き、問題を捉え、面談を通じて相談者が自分に気づき、成長するような応答、プロセスを心がけてください。 口頭試問 （自らのキャリアコンサルティングについて試験官からの質問に答える）
問題数	50問		
試験時間	100分	50分	20分（ロールプレイ15分、口頭試問5分）
合格基準	100点満点（2点×50問）で70点以上の得点	150点満点で90点以上の得点 ＊但し、論述は配点の40%以上の得点、かつ面接は評価区分「態度」「展開」「自己評価」ごとに満点の40%以上の得点が必要	
受験手数料	8,900円	29,900円	

■法令基準日

2022年度試験の問題の解答にあたっては、2022年4月1日の時点ですでに施行（法令の効力発生）されている法令等に基づくものとします。なお、試験範囲に含まれる時事的問題など、キャリアコンサルティングに関連するものとして知っておくべき知識・情報については、基準日にかかわらず出題される可能性がありますのでご留意ください。

特定非営利活動法人キャリアコンサルティング協議会

「特定非営利活動法人日本キャリア開発協会」と「特定非営利活動法人キャリアコンサルティング協議会」によって行われます。

国家資格の試験で試験実施団体が2つあるのは極めて珍しいことですが、キャリアコンサルタント資格が国家資格に昇格した際、養成講習実施開催数が最多だった「日本マンパワー」が独自路線を取ったためです。現在では日本マンパワーが特定非営利活動法人日本キャリア開発協会を実質的に運営しています。

学科試験の内容はどちらの団体も同じですが、実技・論述試験は異なっています。2団体のホームページなどで確認して、どちらを選ぶか決めるといいでしょう。

試験の概要は、図1-2、1-3を参照してください。

学科試験内容と範囲

学科試験の出題範囲は極めて広く、4択のマークシート方式で50問出題されます。試験時間は100分。50問中35問の正答で合格。出題範囲の詳細は図1-4をご覧ください。

本書は試験対策本ではないので、試験内容、対策などの詳細は省きますが、養成講習で真面目に勉強し、復習すること、過去問を解くこと、仲間を作ってお互い刺激し合ってが

図1-4　キャリアコンサルタント試験の出題範囲

学科試験における必要なレベル（「詳細な」「一般的な」「概略の」）の定義について
詳　細：確実に、かつ、深く知っていなければならない知識の程度
一般的：知っていないと実務に支障が生じる知識の程度
概　略：浅く広く常識として知っておかなければならない知識の程度

試験科目及びその範囲	試験科目及びその範囲の細目
学科試験	
Ⅰ　キャリアコンサルティングの社会的意義	
1　社会及び経済の動向並びにキャリア形成支援の必要性の理解	社会及び経済の動向並びにキャリア形成支援の必要性が増していることに関し、次に掲げる事項について詳細な知識を有すること。 ①　技術革新の急速な進展等様々な社会・経済的な変化に伴い、個人が主体的に自らの希望や適性・能力に応じて、生涯を通じたキャリア形成を行うことの重要性と、そのための支援の必要性が増してきたこと。 ②　個々人のキャリアの多様化や社会的ニーズ、また労働政策上の要請等を背景に、キャリアコンサルタントの活動が期待される領域が多様化していること。
2　キャリアコンサルティングの役割の理解	キャリアコンサルティングの役割と意義に関し、次に掲げる事項について詳細な知識を有すること。 ①　キャリアコンサルティングは、職業を中心にしながらも個人の生き甲斐、働き甲斐まで含めたキャリア形成を支援するものであること。 ②　個人が自らキャリアマネジメントをすることにより自立・自律できるように支援するものであること。 ③　キャリアコンサルティングは、個人と組織との共生の関係をつくる上で重要なものであること。 ④　キャリアコンサルティングは、個人に対する相談支援だけでなく、キャリア形成やキャリアコンサルティングに関する教育・普及活動、組織（企業）・環境への働きかけ等も含むものであること。
Ⅱ　キャリアコンサルティングを行うために必要な知識	
1　キャリアに関する理論	キャリア発達理論、職業指導理論、職業選択理論等のキャリア開発に関する代表的理論の概要（基礎知識）について詳細な知識を有すること。 •パーソナリティ・特性因子論アプローチ •発達論・トランジションに関するアプローチ •社会的学習理論アプローチ •意思決定論アプローチ •精神分析的理論 •動機づけ（職務満足・職業適応）理論　等
2　カウンセリングに関する理論	1)　キャリアコンサルティングの全体の過程において、カウンセリングの理論及びスキルが果たす役割について詳細な知識を有すること。 2)　カウセリングの理論、特徴に関し、次に掲げる事項について一般的な知識を有すること。 ①　代表的なカウンセリング理論の概要（基礎知識）、特徴 •来談者中心アプローチ •精神分析的カウンセリング •論理療法 •行動療法 •ゲシュタルト療法 •交流分析 •包括的・折衷的アプローチ •家族療法・実存療法 •アサーション等 ②　グループを活用したキャリアコンサルティングの意義、有効性、進め方の留意点等 •グループワーク •グループガイダンス •グループカウンセリング •グループエンカウウンター •サポートグループ等
3　職業能力開発（リカレント教育を含む）の知識	職業能力開発（リカレント教育を含む）に関し、次に掲げる事項について一般的な知識を有すること。 ①　個人の生涯に亘る主体的な学び直しに係るリカレント教育を含めた職業能力開発に関する知識（職業能力の要素、学習方法やその成果の評価方法、教育訓練体系等）及び職業能力開発に関する情報の種類、内容、情報媒体、情報提供機関、入手方法等 ②　教育訓練プログラム、能力評価シート等による能力評価、これらを用いた総合的な支援の仕組みであるジョブ・カード制度の目的、内容、対象等

試験科目及びその範囲	試験科目及びその範囲の細目
4　企業におけるキャリア形成支援の知識	企業におけるキャリア形成支援に関し、次に掲げる事項について一般的な知識を有すること。 ①　企業における雇用管理の仕組み、代表的な人事労務施策・制度の動向及び課題、セルフ・キャリアドックをはじめとした企業内のキャリア形成に係る支援制度・能力評価基準等、ワークライフバランスの理念、労働者の属性（高齢者、女性、若者等）や雇用形態に応じたキャリアに関わる共通的課題とそれを踏まえた自己理解や仕事の理解を深めるための視点や手法 ②　主な業種における勤務形態、賃金、労働時間等の具体的な労働条件 ③　企業内のキャリア形成に係る支援制度の整備とその円滑な実施のための人事部門等との協業や組織内の報告の必要性及びその具体的な方法
5　労働市場の知識	社会情勢や産業構造の変化とその影響、また雇用・失業情勢を示す有効求人倍率や完全失業率等の最近の労働市場や雇用の動向について一般的な知識を有すること。
6　労働政策及び労働関係法令並びに社会保障制度の知識	次に掲げる労働者の雇用や福祉を取り巻く各種の法律・制度に関し、キャリア形成との関連において、その目的、概念、内容、動向、課題、関係機関等について一般的な知識を有すること。 ①　労働関係法規及びこれらに基づく労働政策 ア　労働基準関係 労働基準法、労働契約法、労働時間等設定改善法、労働安全衛生法 イ　女性関係男女雇用機会均等法、女性活躍推進法、パートタイム労働法（パートタイム・有期雇用労働法） ウ　育児・介護休業関係 育児・介護休業法 エ　職業安定関係労働施策総合推進法（旧：雇用対策法）、職業安定法、若者雇用促進法、労働者派遣法、高年齢者雇用安定法、障害者雇用促進法 オ　職業能力開発関係 職業能力開発促進法 カ　その他の労働関係法令 ②　年金、社会保険等に関する社会保障制度等 ・厚生年金 ・国民年金 ・労災保険 ・雇用保険 ・健康保険 ・介護保険　等
7　学校教育制度及びキャリア教育の知識	学校教育制度や、初等中等教育から高等教育に至る学校種ごとの教育目標等、青少年期の発達課題等に応じたキャリア教育のあり方等について一般的な知識を有すること。
8　メンタルヘルスの知識	1)　メンタルヘルスに関し、次に掲げる事項について一般的な知識を有すること。 ①　メンタルヘルスに関する法令や指針、職場におけるメンタルヘルスの保持・増進を図る対策の意義や方法、職場環境改善に向けた働きかけ方等、さらに、ストレスに関する代表的理論や職場のストレス要因、対処方法 ②　代表的な精神的疾病（就労支援においてよく見られる精神的疾病）の概要、特徴的な症状を理解した上で、疾病の可能性のある相談者に対応する際の適切な見立てと、特別な配慮の必要性 2)　専門機関へのリファーやメンタルヘルス不調者の回復後の職場復帰支援等に当たっての専門家・機関の関与の重要性、これら機関との協働による支援の必要性及びその具体的な方法について詳細な知識を有すること。
9　中高年齢期を展望するライフステージ及び発達課題の知識	中高年齢期を展望するライフステージ及び発達課題に関し、次に掲げる事項について一般的な知識を有すること。 ①　職業キャリアの準備期、参入期、発展期、円熟期、引退期等の各ライフステージ、出産・育児、介護等のライフイベントにおいて解決すべき課題や主要な過渡期に乗り越えなければならない発達課題 ②　上記①を踏まえた中高年齢期をも展望した中長期的なキャリア・プランの設計、キャリア・プランに即した学び直しへの動機付けや機会の提供による支援の必要性及びその具体的な方法
10　人生の転機の知識	初めて職業を選択する時や、転職・退職時等の人生の転機が訪れた時の受け止め方や対応の仕方について一般的な知識を有すること。
11　個人の多様な特性の知識	相談者の個人的特性等によって、課題の見立てのポイントや留意すべき点があることについて一般的な知識を有すること。 •障害者については障害の内容や程度 •ニート等の若者については生活環境や生育歴・病気等の治療中の者については治療の見通しや職場環境　等
Ⅲ　キャリアコンサルティングを行うために必要な技能	
1　基本的な技能	
(1)　カウンセリングの技能	次に掲げる事項を適切に実施するために、カウンセリングの技能について一般的な知識を有すること。 ①　カウンセリングの進め方を体系的に理解した上で、キャリアコンサルタントとして、相談者に対する受容的・共感的な態度及び誠実な態度を維持しつつ、様々なカウンセリングの理論とスキルを用いて相談者との人格的相互関係の中で相談者が自分に気づき、成長するよう相談を進めること。 ②　傾聴と対話を通して、相談者が抱える課題について相談者と合意、共有すること。 ③　相談者との関係構築を踏まえ、情報提供、教示、フィードバック等の積極的関わり技法の意義、有効性、導入時期、進め方の留意点等について理解し、適切にこれらを展開すること。

試験科目及びその範囲	試験科目及びその範囲の細目
⑵ グループアプローチの技能	次に掲げる事項を適切に実施するために、グループアプローチの技能について一般的な知識を有すること。 ① グループを活用したキャリアコンサルティングの意義、有効性、進め方の留意点等について理解し、それらを踏まえてグループアプローチを行うこと。 ② 若者の職業意識の啓発や社会的・基礎的能力の習得支援、自己理解・仕事理解等を効果的に進めるためのグループアプローチを行うこと。
⑶ キャリアシート（法第15条の4第1項に規定する職務経歴等記録書を含む）の作成指導及び活用の技能	次に掲げる事項を適切に実施するために、キャリアシートの作成指導及び活用の技能について一般的な知識を有すること。 ① キャリアシートの意義、記入方法、記入に当たっての留意事項等の十分な理解に基づき、相談者に対し説明するとともに適切な作成指導を行うこと。 ② 職業能力開発機会に恵まれなかった求職者の自信の醸成等が図られるよう、ジョブ・カード等の作成支援や必要な情報提供を行うこと。
⑷ 相談過程全体の進行の管理に関する技能	次に掲げる事項を適切に実施するために、相談過程全体の進行の管理に関する技能ついて一般的な知識を有すること。 ① 相談者が抱える問題の把握を適切に行い、相談過程のどの段階にいるかを常に把握し、各段階に応じた支援方法を選択し、適切に相談を進行・管理すること。
2 相談過程において必要な技能	
⑴ 相談場面の設定	次に掲げる事項を適切に実施するために、相談場面の設定について一般的な知識を有すること。
① 物理的環境の整備	相談を行うにふさわしい物理的な環境、相談者が安心して積極的に相談ができるような環境を設定すること。
② 心理的な親和関係（ラポール）の形成	相談を行うに当たり、受容的な態度（挨拶、笑顔、アイコンタクト等）で接することにより、心理的な親和関係を相談者との間で確立すること。
③ キャリア形成及びキャリアコンサルティングに係る理解の促進	主体的なキャリア形成の必要性や、キャリアコンサルティングでの支援の範囲、最終的な意思決定は相談者自身が行うことであること等、キャリアコンサルティングの目的や前提を明確にすることの重要性について、相談者の理解を促すこと。
④ 相談の目標、範囲等の明確化	相談者の相談内容、抱える問題、置かれた状況を傾聴や積極的関わり技法等により把握・整理し、当該相談の到達目標、相談を行う範囲、相談の緊要度等について、相談者との間に具体的な合意を得ること。
⑵ 自己理解の支援	次に掲げる事項を適切に実施するために、自己理解の支援について一般的な知識を有すること。
① 自己理解への支援	キャリアコンサルティングにおける自己理解の重要性及び自己理解を深めるための視点や手法等についての体系的で十分な理解に基づき、職業興味や価値観等の明確化、キャリアシート等を活用した職業経験の棚卸し、職業能力の確認、個人を取り巻く環境の分析等により、相談者自身が自己理解を深めることを支援すること。
② アセスメント・スキル	面接、観察、職業適性検査を含む心理検査等のアセスメントの種類、目的、特徴、主な対象、実施方法、評価方法、実施上の留意点等についての理解に基づき、年齢、相談内容、ニーズ等、相談者に応じて適切な時期に適切な職業適性検査等の心理検査を選択・実施し、その結果の解釈を適正に行うとともに、心理検査の限界も含めて相談者自身が理解するよう支援すること。
⑶ 仕事の理解の支援	次に掲げる事項を適切に実施するために、仕事理解の支援について一般的な知識を有すること。 ① キャリア形成における「仕事」は、職業だけでなく、ボランティア活動等の職業以外の活動を含むものであることの十分な理解に基づき、相談者がキャリア形成における仕事の理解を深めるための支援をすること。 ② インターネット上の情報媒体を含め、職業や労働市場に関する情報の収集、検索、活用方法等について相談者に対して助言すること。 ③ 職務分析、職務、業務のフローや関係性、業務改善の手法、職務再設計、（企業方針、戦略から求められる）仕事上の期待や要請、責任についての理解に基づき、相談者が自身の現在及び近い将来の職務や役割の理解を深めるための支援をすること。
⑷ 自己啓発の支援	次に掲げる事項を適切に実施するために、自己啓発の支援について一般的な知識を有すること。 ① インターンシップ、職場見学、トライアル雇用等により職業を体験してみることの意義や目的について相談者自らが理解できるように支援し、その実行について助言すること。 ② 相談者が啓発的経験を自身の働く意味・意義の理解や職業選択の材料とすることができるように助言すること。
⑸ 意思決定の支援	次に掲げる事項を適切に実施するために、意思決定の支援について一般的な知識を有すること。
① キャリア・プランの作成支援	自己理解、仕事理解及び啓発的経験をもとに、職業だけでなくどのような人生を送るのかという観点や、自身と家族の基本的生活設計の観点等のライフプランを踏まえ、相談者の中高年齢期をも展望した中長期的なキャリア・プランの作成を支援すること。

試験科目及びその範囲	試験科目及びその範囲の細目
② 具体的な目標設定への支援	相談者のキャリア・プランをもとにした中長期的な目標や展望の設定と、それを踏まえた短期的な目標の設定を支援すること。
③ 能力開発に関する支援	相談者の設定目標を達成するために必要な自己学習や職業訓練等の能力開発に関する情報を提供するとともに、相談者自身が目標設定に即した能力開発に対する動機付けを高め、主体的に実行するためのプランの作成及びその継続的見直しについて支援すること。
(6) 方策の実行の支援	次に掲げる事項を適切に実施するために、方策の実行の支援について一般的な知識を有すること。
① 相談者に対する動機づけ	相談者が実行する方策（進路・職業の選択、就職、転職、職業訓練の受講等）について、その目標、意義の理解を促し、相談者が自らの意思で取り組んでいけるように働きかけること。
② 方策の実行のマネジメント	相談者が実行する方策の進捗状況を把握し、相談者に対して現在の状況を理解させるとともに、今後の進め方や見直し等について、適切な助言をすること。
(7) 新たな仕事への適応の支援	次に掲げる事項を適切に実施するために、新たな仕事への適応の支援について一般的な知識を有すること。 ① 方策の実行後におけるフォローアップも、相談者の成長を支援するために重要であることを十分に理解し、相談者の状況に応じた適切なフォローアップを行うこと。
(8) 相談過程の総括	次に掲げる事項を適切に実施するために、相談過程の総括の支援について一般的な知識を有すること。
① 適正な時期における相談の終了	キャリアコンサルティングの成果や目標達成具合を勘案し、適正だと判断できる時点において、相談を終了することを相談者に伝えて納得を得た上で相談を終了すること。
② 相談過程の評価	相談者自身が目標の達成度や能力の発揮度について自己評価できるように支援すること、またキャリアコンサルタント自身が相談支援の過程と結果について自己評価すること。
Ⅳ キャリアコンサルタントの倫理と行動	
1 キャリア形成及びキャリアコンサルティングに関する教育並びに普及活動	次に掲げる事項を適切に実施するために、キャリア形成及びキャリアコンサルティングに関する教育並びに普及活動について一般的な知識を有すること。 ① 個人や組織のみならず社会一般に対して、様々な活動を通じてキャリア形成やキャリアコンサルティングの重要性、必要性等について教育・普及すること。 ② それぞれのニーズを踏まえ、主体的なキャリア形成やキャリア形成支援に関する教育研修プログラムの企画、運営をすること。
2 環境への働きかけの認識及び実践	次に掲げる事項を適切に実施するために、環境への働きかけの認識及び実践について一般的な知識を有すること。 ① 個人の主体的なキャリア形成は、個人と環境（地域、学校・職場等の組織、家族等、個人を取り巻く環境）との相互作用によって培われるものであることを認識し、相談者個人に対する支援だけでは解決できない環境（例えば、学校や職場の環境）の問題点の発見や指摘、改善提案等の環境への介入、環境への働きかけを、関係者と協力（職場にあってはセルフ・キャリアドックにおける人事部門との協業、経営層への提言や上司への支援を含む）して行うこと。
3 ネットワークの認識及び実践	
(1) ネットワークの重要性の認識及び形成	次に掲げる事項を適切に実施するために、ネットワークの重要性の認識及び形成について一般的な知識を有すること。 ① 個人のキャリア形成支援を効果的に実施するためには、行政、企業の人事部門等、その他の専門機関や専門家との様々なネットワークが重要であることを認識していること。 ② ネットワークの重要性を認識した上で、関係機関や関係者と日頃から情報交換を行い、協力関係を築いていくこと。 ③ 個人のキャリア形成支援を効果的に実施するため、心理臨床や福祉領域をはじめとした専門機関や専門家、企業の人事部門等と協働して支援すること。
(2) 専門機関への紹介及び専門家への照会	次に掲げる事項を適切に実施するために、専門機関への紹介及び専門家への照会について一般的な知識を有すること。 ① 個人や組織等の様々な支援ニーズ（メンタルヘルス不調、発達障害、治療中の（疾患を抱えた）者等）に応える中で、適切な見立てを行い、キャリアコンサルタントの任務の範囲、自身の能力の範囲を超えることについては、必要かつ適切なサービスを提供する専門機関や専門家を選択し、相談者の納得を得た上で紹介あっせんすること。 ② 個人のキャリア形成支援を効果的に実施するために必要な追加情報を入手したり、異なる分野の専門家に意見を求めること。

試験科目及びその範囲	試験科目及びその範囲の細目
4　自己研鑽及びキャリアコンサルティングに関する指導を受ける必要性の認識	
⑴　自己研鑽	次に掲げる事項を適切に認識する、または実施するために、自己研鑽について詳細な知識を有すること。 ①　キャリアコンサルタント自身が自己理解を深めることと能力の限界を認識することの重要性を認識するとともに、常に学ぶ姿勢を維持して、様々な自己啓発の機会等を捉えた継続学習により、新たな情報を吸収するとともに、自身の力量を向上させていくこと。 ②　特に、キャリアコンサルティングの対象となるのは常に人間であることから、人間理解の重要性を認識すること。
⑵　スーパービジョン	次に掲げる事項を適切に認識する、または実施するために、スーパービジョンの意義、目的、方法等について詳細な知識を有すること。 ①　スーパーバイザーから定期的に実践的助言・指導（スーパービジョン）を受けることの必要性。 ②　スーパービジョンを受けるために必要な逐語録等の相談記録を整理すること。
5　キャリアコンサルタントとしての倫理と姿勢	
⑴　活動範囲・限界の理解	次に掲げる事項を適切に認識する、または実施するために、活動範囲・限界の理解について詳細な知識を有すること。 ①　キャリアコンサルタントとしての活動の範囲には限界があることと、その限界には任務上の範囲の限界のほかに、キャリアコンサルタント自身の力量の限界、実践フィールドによる限界があること。 ②　活動の範囲内において、誠実かつ適切な配慮を持って職務を遂行しなければならないこと。 ③　活動範囲を超えてキャリアコンサルティングが行われた場合には、効果がないだけでなく個人にとって有害となる場合があること。
⑵　守秘義務の遵守	守秘義務の遵守を実践するために、相談者のプライバシーや相談内容は相談者の許可なしに決して口外してはならず、守秘義務の遵守はキャリアコンサルタントと相談者の信頼関係の構築及び個人情報保護法令に鑑みて最重要のものであることについて詳細な知識を有すること。
⑶　倫理規定の厳守	倫理規定の厳守を実践するために、キャリア形成支援の専門家としての高い倫理観を有し、キャリアコンサルタントが守るべき倫理規定（基本理念、任務範囲、守秘義務の遵守等）について詳細な知識を有すること。
⑷　キャリアコンサルタントとしての姿勢	次に掲げる事項を適切に認識する、または実施するために、キャリアコンサルタントとしての姿勢について詳細な知識を有すること。 ①　キャリアコンサルティングは個人の人生に関わる重要な役割、責任を担うものであることを自覚し、キャリア形成支援者としての自身のあるべき姿を明確にすること。 ②　キャリア形成支援者として、自己理解を深め、自らのキャリア形成に必要な能力開発を行うことの必要性について、主体的に理解すること。
実技試験	
Ⅰ　キャリアコンサルティングを行うために必要な技能	
1　基本的技能	相談者に対する支援を適切に行うために、以下の 1)から 4)までの基本的技能を有していること。 1)　カウンセリングの技能 ①　カウンセリングの進め方を体系的に理解した上で、キャリアコンサルタントとして、相談者に対する受容的・共感的な態度及び誠実な態度を維持しつつ、様々なカウンセリングの理論とスキルを用いて相談者との人格的相互関係の中で相談者が自分に気づき、成長するよう相談を進めることができること。 ②　傾聴と対話を通して、相談者が抱える課題について相談者と合意、共有することができること。 ③　相談者との関係構築を踏まえ、情報提供、教示、フィードバック等の積極的関わり技法の意義、有効性、導入時期、進め方の留意点等について理解し、適切にこれらを展開することができること。 2)　グループアプローチの技能 ①　グループを活用したキャリアコンサルティングの意義、有効性、進め方の留意点等について理解し、それらを踏まえてグループアプローチを行うことができること。 ②　若者の職業意識の啓発や社会的・基礎的能力の習得支援、自己理解・仕事理解等を効果的に進めるためのグループアプローチを行うことができること。 3)　キャリアシートの作成指導及び活用の技能 ①　キャリアシートの意義、記入方法、記入に当たっての留意事項等の十分な理解に基づき、相談者に対し説明できるとともに適切な作成指導ができること。 ②　職業能力開発機会に恵まれなかった求職者の自信の醸成等が図られるよう、ジョブ・カード等の作成支援や必要な情報提供ができること。 4)　相談過程全体の進行の管理に関する技能 相談者が抱える問題の把握を適切に行い、相談過程のどの段階にいるかを常に把握し、各段階に応じた支援方法を選択し、適切に相談を進行・管理することができること。

試験科目及びその範囲	試験科目及びその範囲の細目
2　相談過程において必要な技能	キャリアコンサルティングを進めるに当たって、次の 1) から 8) までの技能を用いて、相談者との関係構築、相談者の抱えている問題を把握・整理し、当該相談の到達目標、相談を行う範囲、相談の緊要度等について、相談者との間に具体的な合意を得ることができることの応答と相談過程を意識できること。 1)　相談場面の設定 ①　相談を行うにふさわしい物理的な環境、相談者が安心して積極的に相談ができるような環境を設定することができること。 ②　相談を行うに当たり、受容的な態度（挨拶、笑顔、アイコンタクト等）で接することにより、心理的な親和関係を相談者との間で確立することができること。 ③　主体的なキャリア形成の必要性や、キャリアコンサルティングでの支援の範囲、最終的な意思決定は相談者自身が行うことであること等、キャリアコンサルティングの目的や前提を明確にすることの重要性について、相談者の理解を促すことができること。 ④　相談者の相談内容、抱える問題、置かれた状況を傾聴や積極的関わり技法等により把握・整理し、当該相談の到達目標、相談を行う範囲、相談の緊要度等について、相談者との間に具体的な合意を得ることができること。 2)　自己理解への支援 ①　キャリアコンサルティングにおける自己理解の重要性及び自己理解を深めるための視点や手法等についての体系的で十分な理解に基づき、職業興味や価値観等の明確化、キャリアシート等を活用した職業経験の棚卸し、職業能力の確認、個人を取り巻く環境の分析等により、相談者自身が自己理解を深めることを支援することができること。 ②　面接、観察、職業適性検査を含む心理検査等のアセスメントの種類、目的、特徴、主な対象、実施方法、評価方法、実施上の留意点等についての理解に基づき、年齢、相談内容、ニーズ等、相談者に応じて適切な時期に適切な職業適性検査等の心理検査を選択・実施し、その結果の解釈を適正に行うとともに、心理検査の限界も含めて相談者自身が理解するよう支援することができること。 3)　仕事理解への支援 ①　キャリア形成における「仕事」は、職業だけでなく、ボランティア活動等の職業以外活動を含むものであることの十分な理解に基づき、相談者がキャリア形成における仕事の理解を深めるための支援をすることができること。 ②　インターネット上の情報媒体を含め、職業や労働市場に関する情報の収集、検索、活用方法等について相談者に対して助言することができること。 ③　職務分析、職務、業務のフローや関係性、業務改善の手法、職務再設計、（企業方針、戦略から求められる）仕事上の期待や要請、責任についての理解に基づき、相談者が自身の現在及び近い将来の職務や役割の理解を深めるための支援をすることができること。 4)　自己啓発の支援 ①　インターンシップ、職場見学、トライアル雇用等により職業を体験してみることの意義や目的について相談者自らが理解できるように支援し、その実行について助言することができること。 ②　相談者が啓発的経験を自身の働く意味・意義の理解や職業選択の材料とすることができるように助言することができること。 5)　意思決定の支援 ①　自己理解、仕事理解及び啓発的経験をもとに、職業だけでなくどのような人生を送るのかという観点や、自身と家族の基本的生活設計の観点等のライフプランを踏まえ、相談者の中高年齢期をも展望した中長期的なキャリア・プランの作成を支援することができること。 ②　相談者のキャリア・プランをもとにした中長期的な目標や展望の設定と、それを踏まえた短期的な目標の設定を支援することができること。 ③　相談者の設定目標を達成するために必要な自己学習や職業訓練等の能力開発に関する情報を提供するとともに、相談者自身が目標設定に即した能力開発に対する動機付けを高め、主体的に実行するためのプランの作成及びその継続的見直しについて支援することができること。 6)　方策の実行の支援 ①　相談者が実行する方策（進路・職業の選択、就職、転職、職業訓練の受講等）について、その目標、意義の理解を促し、相談者が自らの意思で取り組んでいけるように働きかけることができること。 ②　相談者が実行する方策の進捗状況を把握し、相談者に対して現在の状況を理解させるとともに、今後の進め方や見直し等について、適切な助言をすることができること。 7)　新たな仕事への適応の支援 ①　方策の実行後におけるフォローアップも、相談者の成長を支援するために重要であることを十分に理解し、相談者の状況に応じた適切なフォローアップを行うことができること。 8)　相談過程の総括 ①　キャリアコンサルティングの成果や目標達成具合を勘案し、適正だと判断できる時点において、相談を終了することを相談者に伝えて納得を得た上で相談を終了することができること。 ②　相談者自身が目標の達成度や能力の発揮度について自己評価できるように支援すること、またキャリアコンサルタント自身が相談支援の過程と結果について自己評価することができること。

特定非営利活動法人日本キャリア開発協会（JCDA）ホームページ

んばることなどが合格の秘訣です。最初は聞いたことのないキャリア理論や外国人教授の名前、法令などに慣れていない人は戸惑うこともあると思いますが、何度も読んだり書いたり、また聞いたりしているうちに自然に覚えられるようになります。

論述・面接試験は150点満点で90点以上が合格基準。ただし、論述試験の満点の40％以上、かつ面接試験の中の「主訴・問題の把握」「具体的展開」「傾聴」で満点の40％以上を得点することが必要です。

論述試験と面接試験

論述試験と面接試験があります。それぞれ別の日に行われ、論述試験が行われた1～2週間後に面接試験が行われます。どちらも基準点に達することで合格となります。不合格の場合は、次回も再度両方の試験を受けなければなりません。

●論述試験

論述試験は記述式で、試験時間は50分。100点満点で70点以上の点数を取らなければ合格となりません。

内容は、問題文を読んでキャリアコンサルタントとしてどう支援していくのか自分の考えをまとめるというものです。問題文は試験実施団体により異なり、日本キャリア開発協会は「逐語記録」、キャリアコンサルティング協議会は「事例記録」として出題されます。

これらはクライアントとキャリアコンサルタントとの対話が書かれたものです。この問題文を読んで自分の考えをまとめます。試験対策の詳細は省きますが、文章を書くことが苦手な人は、意識的に自分の考えを文章として書く練習をすることをおすすめします。また、書いた文章を誰かに読んでもらい、添削をしてもらうとより効果的です。

●面接試験

面接試験は、どちらの試験実施団体とも、2人の面接官の前で15分のロールプレイを行うというものです。続いて、5分間の口頭試問が行われます。

ロールプレイとは、キャリアコンサルタント役の受験者がクライアント役の相談に乗るという対話方式の面接試験です。

この試験の対策としては、模擬面接で練習しておくことをおすすめします。養成講習でも練習はあるはずですが、何よりも慣れが必要となります。営業経験のある人などは得意かもしれませんが、話すことが苦手な人は練習をしておくほうが賢明です。

実際の面接試験のロールプレイで「失敗したな」と思っても、口頭試問で挽回できるので諦めないようにしましょう。

口頭試問では、ロールプレイの「振り返り」があります。ロールプレイでできなかったことを述べて、こうすれば良かったと熱意をもって回答すれば、加点されます。最後まで諦めず、冷静に自分の回答を振り返ることが合格の秘訣となります。

5 登録と更新講習（知識講習・技能講習）

登録

試験合格後にキャリアコンサルタントを名乗るためには指定登録機関であるキャリアコンサルティング協議会のキャリアコンサルタント名簿に登録する必要があります。登録免許税として9000円と登録手数料8000円がかかります（2022年9月現在）。申請書類の審査や登録免許税の支払いなどが確認されれば登録証が送られてきます。

この手続きが完了すれば、晴れてキャリアコンサルタントとして活動ができます。手続きの詳細は、厚生労働省のホームページを参照してください。

更新講習

キャリアコンサルタントの資格は、5年ごとの更新が必要となります。更新には、厚生労働大臣の指定を受けたA及びBの講習を受ける必要があります。Aは知識講習、Bは技能講習と言います。

A　キャリアコンサルティングを適正に実施するために必要な知識の維持を図るための講習につき8時間以上

B　キャリアコンサルティングを適正に実施するために必要な技能の維持を図るための講習につき30時間以上

ただし、技能検定キャリアコンサルティング職種（技能士1級・2級）に合格したキャリアコンサルタントは講習が免除されるケースがあります（これについては後述します）。また、定められた条件に合う実務に従事している場合や、1級キャリアコンサルティング技能士による指導を受けた場合も免除になるケースがあります。本書で詳細は触れませんが、興味のある人はキャリアコンサルティング協議会のホームページでご確認ください。

どちらの更新講習も費用は1～3万円程度、講習時間は1回6～8時間です。養成団体や国の承認を受けた研修会社が実施していて、それぞれカリキュラム、費用が異なります。安くて人気のある講習はすぐに定員に達しますので、ホームページで情報収集しておくことをおすすめします。

自己研鑽が求められる

ところで、なぜこのような更新講習を受けなければならないのでしょう。それは、キャリアコンサルタントにはキャリアコンサルティング協議会が制定した「倫理綱領」があり、その中の「自己研鑽」という項目において、詳細が記されているからです。倫理綱領そのものについては第6章で詳述します。

（自己研鑽）

第4条　キャリアコンサルタントは、キャリアコンサルティングに関する知識・技能を深める、上位者からの指導を受けるなど、常に資質向上に向けて絶えざる自己研鑽に努めなければならない。

2　キャリアコンサルタントは、組織を取り巻く社会、経済、環境の動向や、教育、生活の場にも常に関心をはらい、専門家としての専門性の維持向上に努めなければならない。

3　キャリアコンサルタントは、より質の高いキャリアコンサルティングの実現に向け、他の専門家とのネットワークの構築に努めなければならない。

つまり、キャリアコンサルタントは質の向上を維持するために、継続的に学習して自己研鑽に努めることを求められているのです。結局、資格の質を担保するために5年更新があるのです。

6 キャリアコンサルティング技能士とは？

指導者・熟練者として認定される上級資格

ここまで紹介してきたキャリアコンサルタント国家資格は、いわゆる標準レベルのキャリアコンサルタントについてです。その上には、国家検定の「キャリアコンサルティング技能士」1級と2級があります。1級は指導レベル、2級は熟練レベルです。

技能士は働く上で身につける、または必要とされる技能の習得レベルを評価する国家検定制度です。建設関係、一般機械器具関係、衣服・繊維製品関係やファイナンシャル・プランニングなど、全部で130職種の試験があります。キャリアコンサルタントもそのうちのひとつで、簡単に言うと、現場で優れた技能を有していると国が認めた人たちに付与される資格です。

現在、厚生労働省はキャリアコンサルタントの質の向上に力を入れており、技能士1級の上にさらにレベルの高い国家検定を検討しています。

更新講習が免除される利点も

技能士に合格すると更新講習が免除になるという利点があります。

2級に合格すると、更新講習の知識講習と技能講習が5年間免除（以降は5年ごとに必要）されます。また、1級に合格すると、知識講習が5年間免除され、技能講習は常に免除されます。

一般的には、標準レベルのキャリアコンサルタント資格を取得した後に技能士へチャレンジしますが、いきなり技能士1級、2級を受験する飛び級受験も可能です。また、技能士の別の級での実技試験、学科試験合格の組み合わせで国家資格キャリアコンサルタントに登録することもできます。

技能士の資格取得は、さらに高い知識やスキルを身につけたいと考える人には特におすすめです。

7 キャリアコンサルタントは希少な資格

キャリアコンサルタント市場はブルーオーシャン

２０１６年のキャリアコンサルタントの国家資格化以来、現在まで登録者数は約６万人になっています（２０22年8月末現在）。地域別に見ると、全体の割合が一都三県で47・9％、大阪府8・3％、愛知県5・4％、兵庫県4・7％と、大都市圏に多いことがわかります。男女比は男性45・1％、女性54・9％と女性が多少多くなっています（図１－５、図１－６）。

厚生労働省は、企業向けキャリアコンサルティングを積極的に展開しようとしています（第4章「セルフ・キャリアドック（企業領域キャリアコンサルティング）の展開法」参照）。特に定着支援として中小企業向けのキャリアコンサルティングに力を入れています。

現在、日本全国には約３８０万社、４８００万人の労働者がいると言われているので、仮に日本中の企業全社がキャリアコンサルタントを導入するとしたら、１人当たり約76社、

図１－５　キャリアコンサルタントの都道府県別登録者数

令和4年8月末日現在

（単位:人）

ブロック	都道府県名	計
北海道・東北 (3,875人)	北海道	1,476
	青森県	248
	岩手県	370
	宮城県	946
	秋田県	211
	山形県	235
	福島県	389
関東 (31,833人)	茨城県	745
	栃木県	552
	群馬県	440
	埼玉県	3,803
	千葉県	3,468
	東京都	15,648
	神奈川県	6,919
	山梨県	258
信越・北陸 (2,208人)	新潟県	531
	長野県	662
	富山県	344
	石川県	433
	福井県	238
東海 (5,455人)	岐阜県	515
	静岡県	1,095
	愛知県	3,359
	三重県	486
	滋賀県	545

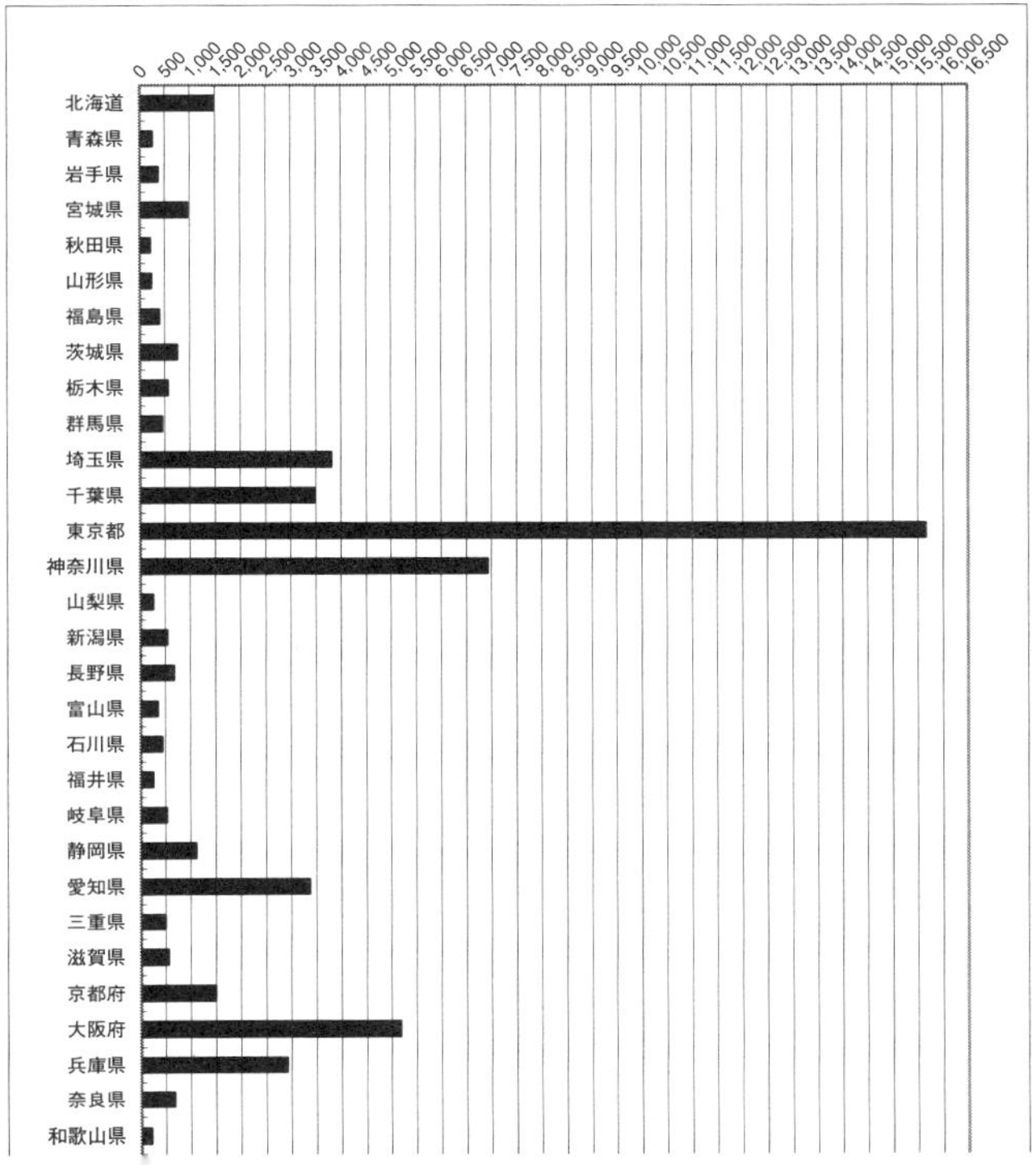

近畿	京都府	1,486
	大阪府	5,166
	兵庫県	2,903
	奈良県	668
(10,959人)	和歌山県	191
中国	鳥取県	163
	島根県	226
	岡山県	632
	広島県	922
(2,265人)	山口県	322
四国	徳島県	209
	香川県	358
	愛媛県	474
(1,239人)	高知県	198
九州・沖縄	福岡県	2,049
	佐賀県	198
	長崎県	318
	熊本県	470
	大分県	246
	宮崎県	270
	鹿児島県	332
(4,452人)	沖縄県	569
海外	なし	29
総数		62,315

(注) 上記の数値は、国のキャリアコンサルタント名簿に登録済のキャリアコンサルタントの都道府県別の人数です

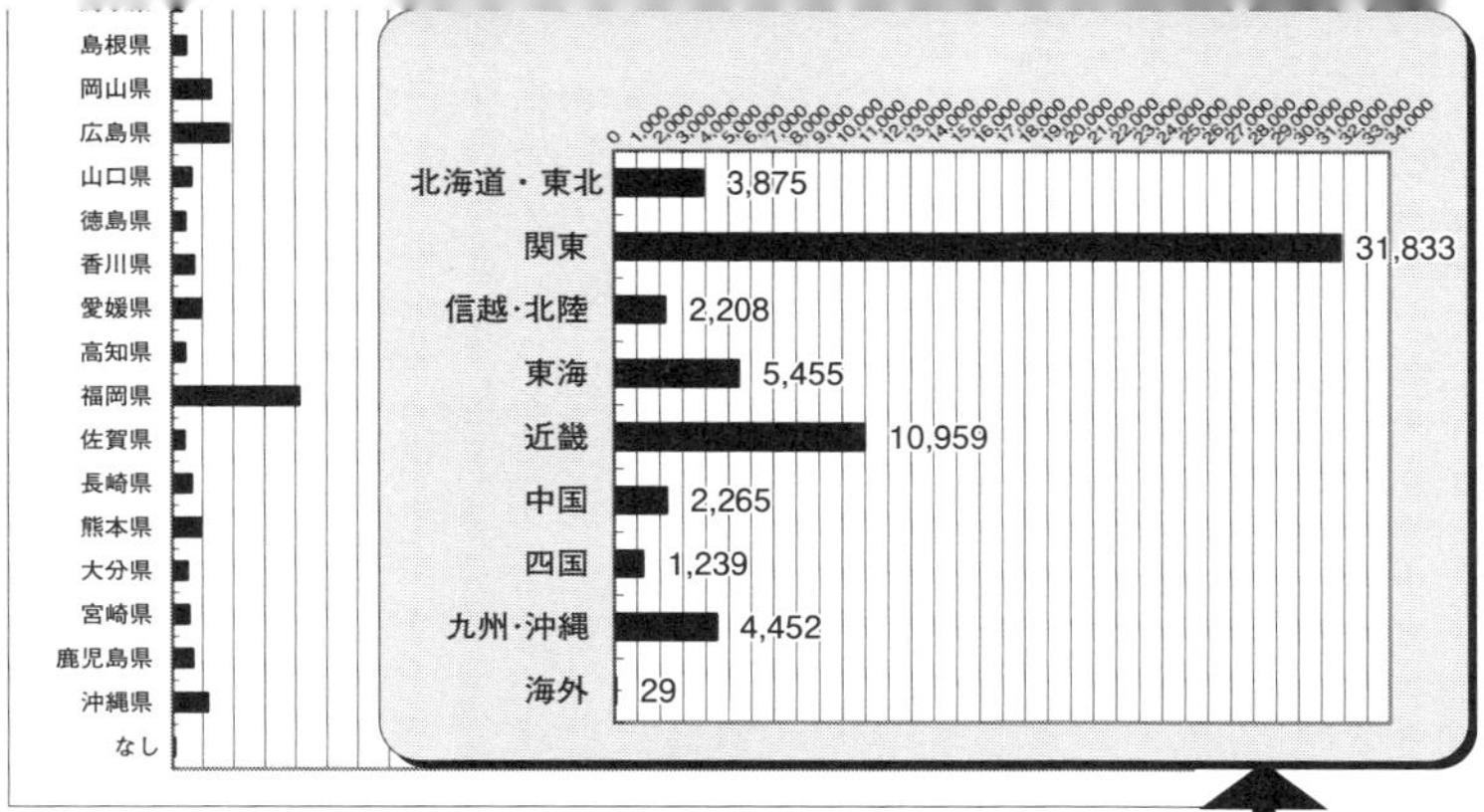

ブロック	計	%
北海道・東北	3,875	6.2
関東	31,833	51.1
信越・北陸	2,208	3.5
東海	5,455	8.8
近畿	10,959	17.6
中国	2,265	3.6
四国	1,239	2.0
九州・沖縄	4,452	7.1
海外	29	0.0
総数	62,315	100.0

（出典）国家資格キャリアコンサルタント Web サイト

図１－６　キャリアコンサルタントの年齢別、性別内訳

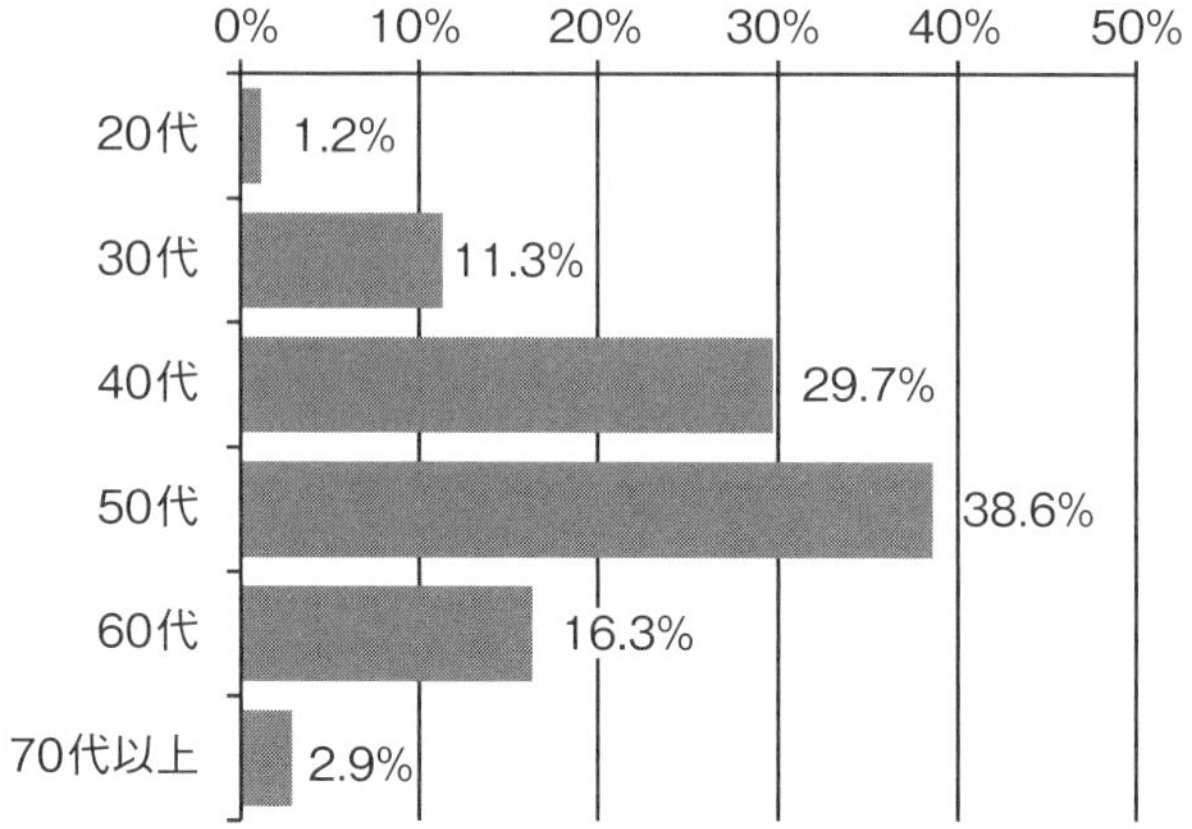

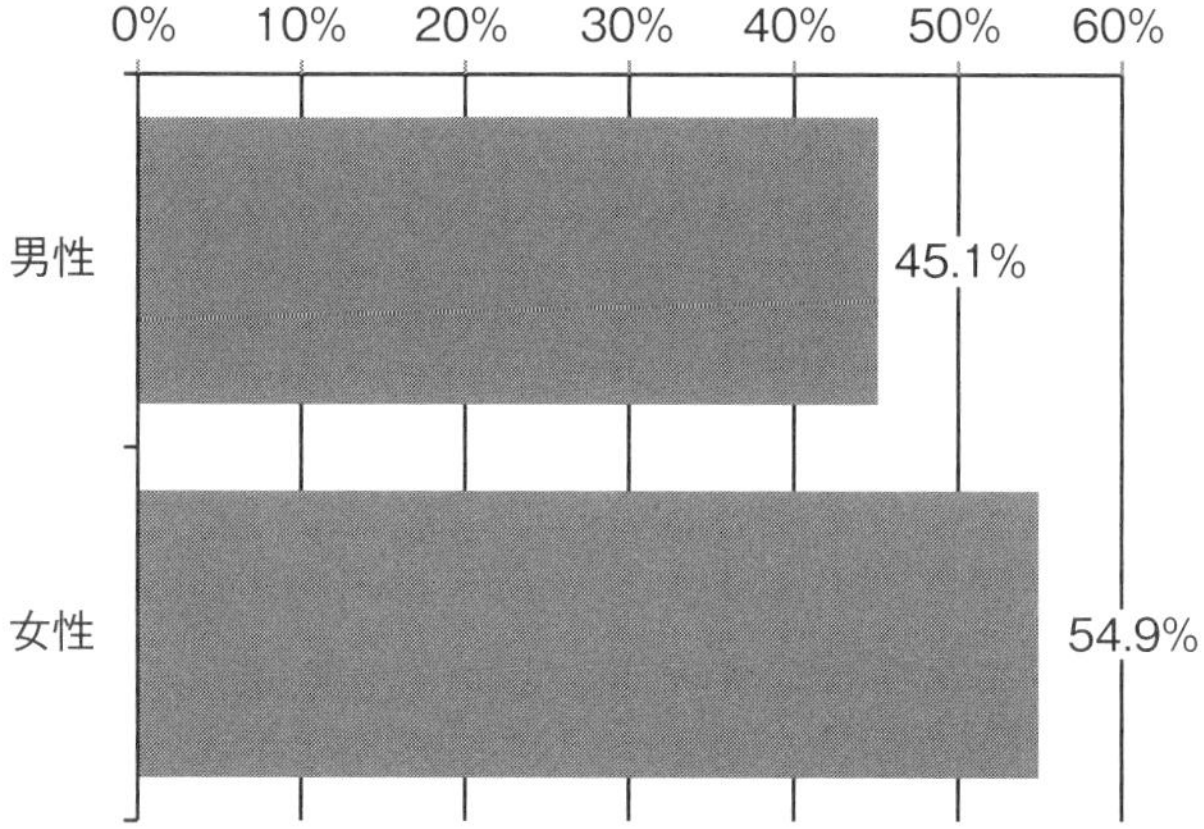

労働政策研究・研修機構「労働政策研究報告書」
キャリアコンサルタント登録者の活動状況等に関する調査　2018 年

労働者約960人の市場があることになります。あくまで机上の空論ですが、それだけのニーズがあるのです。企業領域キャリアコンサルタント市場はブルーオーシャンであることは間違いありません。

必要な営業力

他の資格と比較してみると、日本には税理士約7万8000人、中小企業診断士約2万7000人、社会保険労務士約4万2000人、行政書士約4万8000人、ファイナンシャルプランニング技能士約73万人がいると言われているのですが、これらの資格の認知度はキャリアコンサルタントより断然高いものです。

ただ、資格取得後にどれだけの人が実際に活動しているかはわかりませんが、資格を取得しても直接収入に結びつかなければ単なる宝の持ち腐れとなってしまいます。

キャリアコンサルタントの中には、これらの資格と合わせてビジネス展開している人もいます。特に、有能な女性の社会保険労務士の中には、キャリアコンサルタントの仕事と親和性が高いことから独占業務である助成金の申請を絡めて顧客企業の中で活躍している人もいます。

要するに、資格取得後、いかに収入に結びつけるかは、その人の営業力にかかってくるということです。最難関とされる弁護士資格を取得してもアルバイトをしている人もいれば、行政書士の資格のみで1000万円稼ぐ人もいます。取得した資格をいかに仕事に展開できるかが重要なカギになるわけです。

8 厚労省が「キャリアコンサルタント10万人養成計画」

計画は順調に推移

厚生労働省は、日本の労働環境の激変について、それへの対応策として2001年5月に掲げた「第7次職業能力開発基本計画」のキャリアコンサルタント養成計画に基づき、2014年7月、「日本再興戦略」改定2014をふまえた「キャリア・コンサルタント養成計画」を策定しました（図1-7）。

この計画では、2024年度末までにキャリアコンサルタント、技能士の累積養成数を

図1-7　キャリアコンサルタント10万人養成計画の概要

キャリア・コンサルタント養成計画について

資料4

背景

○ 厚生労働省においては、「第7次職業能力開発基本計画」（平成13年度）以降、キャリア・コンサルタントの養成を推進。

○ 産業競争力会議「雇用・人材分科会」の中間整理（平成25年12月）等を踏まえ、キャリア・コンサルタント養成計画を策定。

（参考1） 産業競争力会議「雇用・人材分科会」中間整理（平成25年12月26日）より抜粋。

○ 自らの職業能力の棚卸しに基づき、キャリアアップ・キャリアチェンジを考える機会を多くの国民に提供するための方策として、まず、キャリア・コンサルタント の養成計画を平成26年年央までに策定し、確実に養成を図る。

（参考2） 「日本再興戦略」改訂2014 －未来への挑戦－（平成26年6月24日閣議決定）より抜粋。

○ キャリア・コンサルタントは、自らの職業経験や能力を見つめ直し、キャリアアップ・キャリアチェンジを考える機会を求める労働者にとって、身近な存在であることが必要である。このため、本年夏までにキャリア・コンサルタントの養成計画を策定し、その着実な養成を図る(後略)

キャリア・コンサルタント養成計画（抜粋）

4　数値目標

標準レベルのキャリア・コンサルタント及びキャリア・コンサルティング技能士の累積養成数について、平成36年度末に10万人とすることを数値目標とする。

集中養成期間の終期である平成31年度末においては、当該累積養成数を7万9千人とすることを目指す。

（参考）

キャリア・コンサルタントの現状及び養成計画策定の方針
（キャリア・コンサルタント養成計画に係る専門検討会報告書より）

	標準レベル以上のキャリア・コンサルタント〔約45,000人〕		標準レベル未満のキャリア・コンサルタント
【現状】 ※平成25年度末時点	キャリア・コンサルティング技能士 (2級)熟練レベル　約5,400人 (1級)指導レベル　61人	標準レベルのキャリア・コンサルタント (140時間)　約39,500人 基本的な知識・スキル等を身につけた者	登録キャリア・コンサルタント (14時間)　約42,000人 ジョブ・カードの交付を認められた者
【方針】	標準レベル以上のうち 技能士割合増加	大幅増加	標準レベル以上に誘導

キャリア・コンサルタント養成数※1の推移（現行ベース）

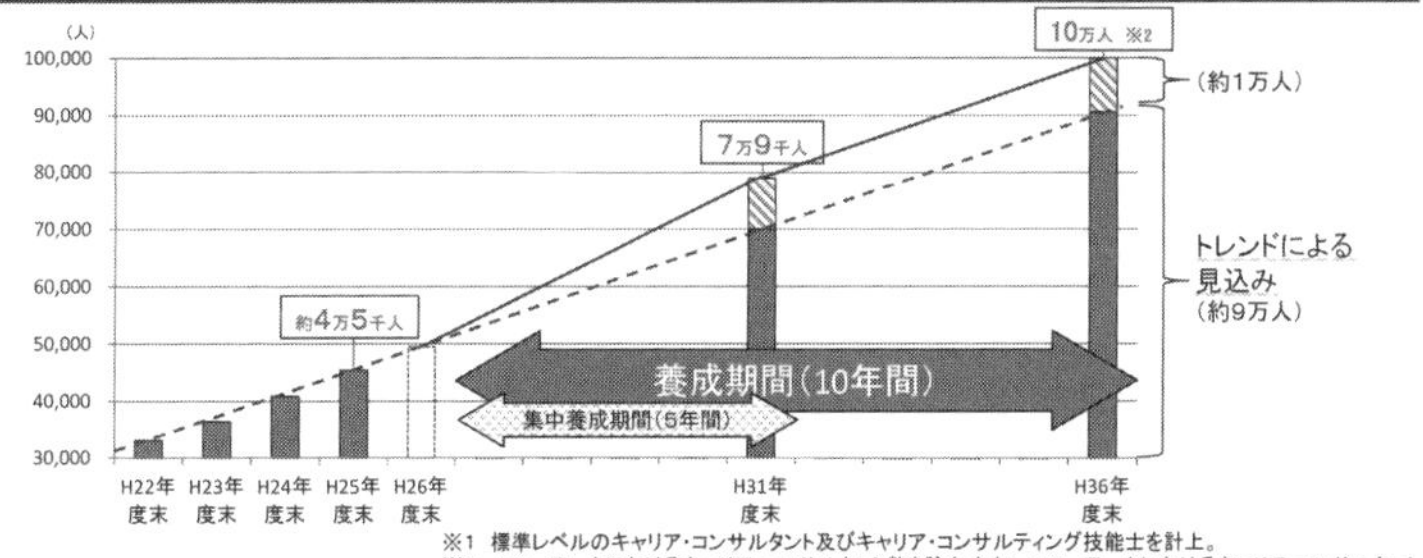

※1 標準レベルのキャリア・コンサルタント及びキャリア・コンサルティング技能士を計上。
※2 ハローワークにおけるキャリア・コンサルタント数を除く。なお、ハローワークにおけるキャリア・コンサルタントについては、ハローワークの質の向上に係る具体的な方策の中で、平成26年度中に検討。

厚生労働省資料

10万人にするという目標が掲げられています。2022年8月末現在、登録数は約6万人に達しています。

キャリアコンサルタント自身が道を切り開く

キャリアコンサルタントの資格は国によるお墨付きには違いありませんが、この資格が国民に浸透していくか否かは、また別の問題です。マイナンバー制度のように、国が推進してもなかなか国民に定着しないことはよくあるケースです。

国は方策を示してはくれますが、実行して道を切り開くのはキャリアコンサルタント自身です。この資格が国民に浸透し定着するかは、キャリアコンサルタント本人の活動次第であるということです。

厚生労働省は2016年から2017年にかけて助成金制度を設けるなどして、企業へのキャリアコンサルティング（セルフ・キャリアドック）の普及を行いました。

この制度は一部で、「キャリコンバブル」などと言われ、企業経営者のほとんどが助成金受給だけを目的にするなど、セルフ・キャリアドックの本当の理解は得られませんでした。これは、私を含むキャリアコンサルタントが企業経営者へうまくフィードバックするなどの努力を怠ったせいでもあり、大いに反省すべきところです。

今後も、いかに企業へセルフ・キャリアドック制度を普及させていくかは、企業領域キャリアコンサルタントの大きな課題となります。

9 キャリアコンサルタントの領域・就業状況・収入

「企業」での領域が最も多い

キャリアコンサルタントがどのような領域で活動できるか紹介しましょう。

図1－8をみてください。最も活動可能な領域で多かったのは、「企業」で70・2%、「需給調整機関」(派遣、ハローワーク、転職・再就職支援) 67・8%、「学校・教育機関」(キャリア教育、キャリアセンター) 66・1%と続いています。

実際の現場でも、最も多かったのが「企業」で34・2%、以下、「需給調整機関」(派遣、ハローワーク、転職・再就職支援) 20・2%、「学校・教育機関」(キャリア教育、キャリアセンター) 17・2%となっています。

図１－８　キャリアコンサルタントの主な活動の場

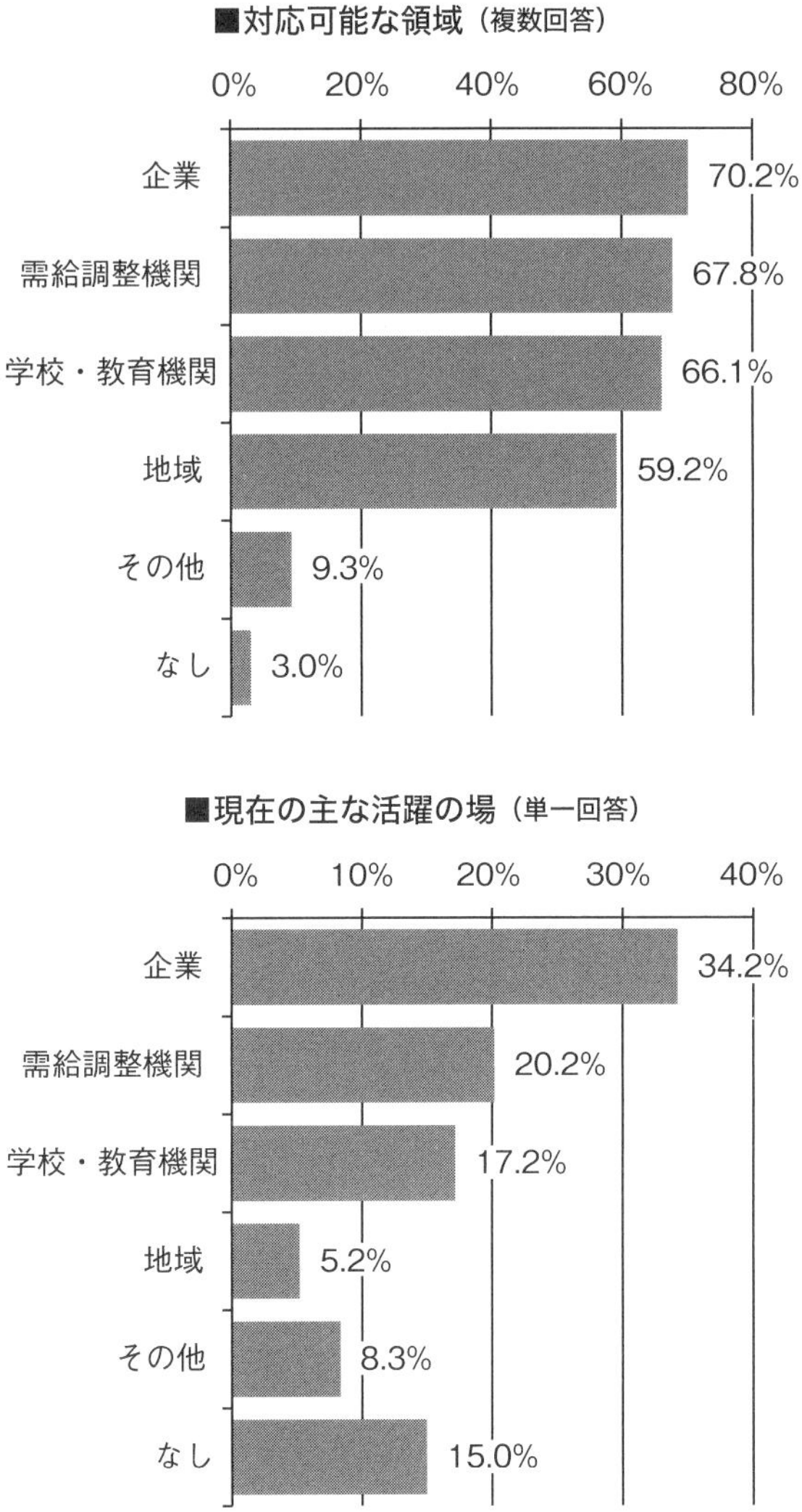

労働政策研究・研修機構「労働政策研究報告書」2018 年

図１－９　現在の就労状況（単一回答）

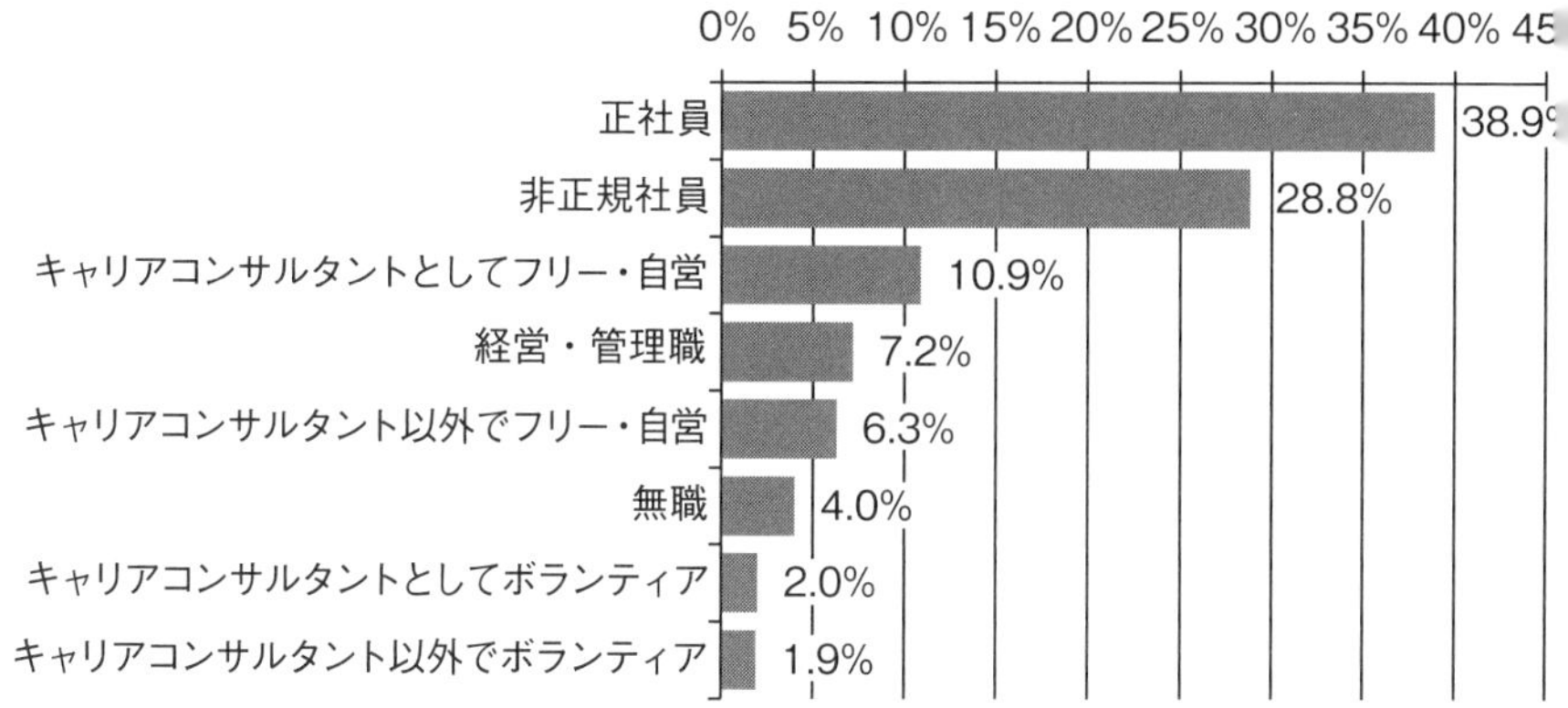

労働政策研究・研修機構「労働政策研究報告書」2018 年

その他の活動の場としては、「医療・福祉領域」「職業訓練校」「公共職業訓練」「ＮＰＯ」などでの就労支援・職業相談、「個人」対象での相談業務、「地域」でのボランティア的要素を含んだ仕事などがあげられます。

最も多いのは正社員

続いて就労状況について、図１－９からもわかるように、最も多いのは「正社員」38・９％で、以下、「非正規社員」28・８％、「キャリアコンサルタントとしてフリー・自営」10・９％と続きます。

「正社員」として働く人が多いのは民間企業で、人事部や総務部などで企業内キャリアコンサルタントとして専門で働く人もいれば、

図1-10　キャリアコンサルタントの1年間の個人収入（税込）

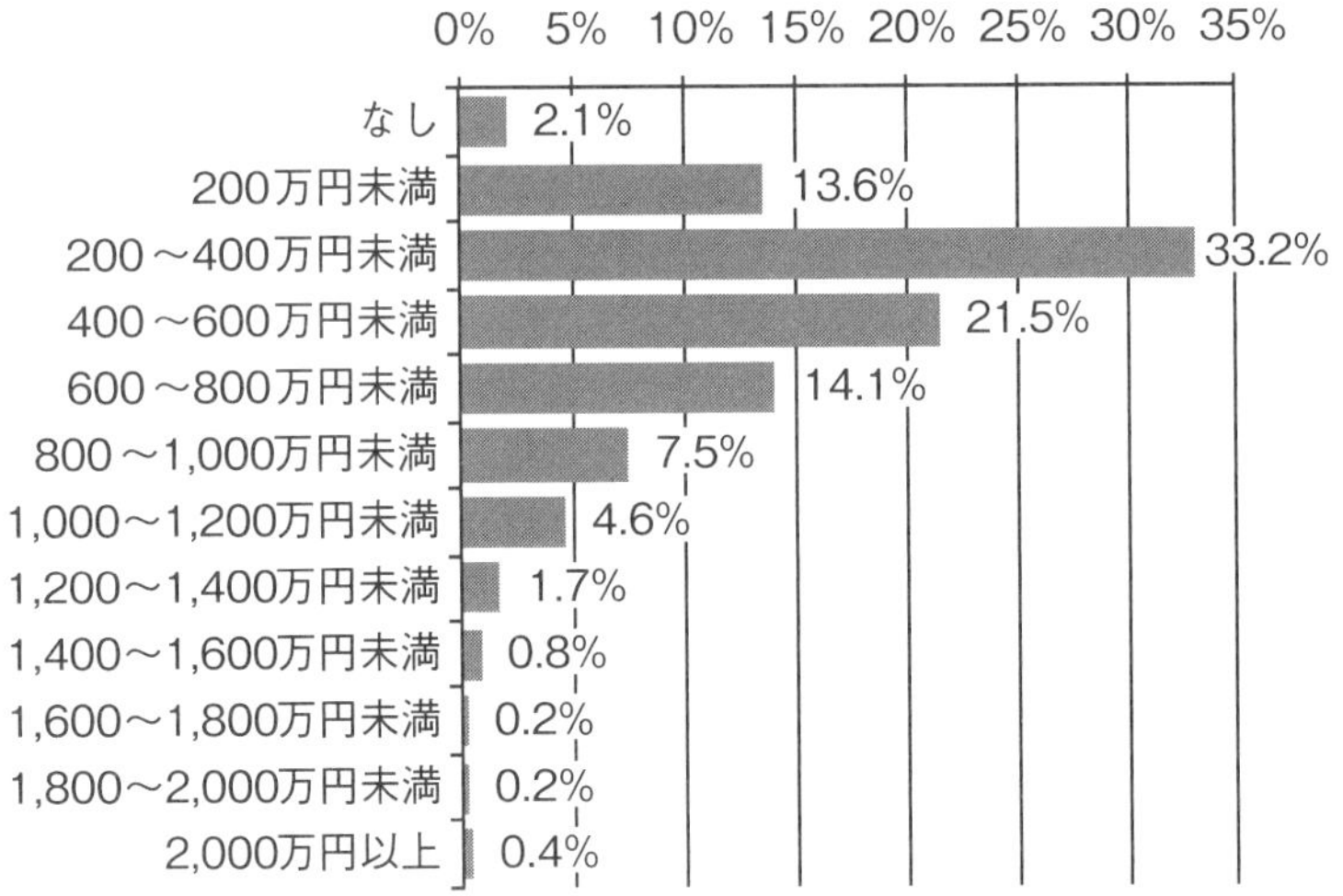

Ⓒ 労働政策研究・研修機構「労働政策研究報告書」2018年

他の仕事との兼務で働く人もいるためです。また、人材紹介会社で人材コーディネーターとして働くケース、ハローワークなどの公共機関で有期雇用として働くケースなどがあります。

「キャリアコンサルタントとしてフリー・自営」では、民間企業や公共機関からキャリアコンサルティングや就職・自己啓発セミナーなどを委託されることが多いと言われています。

フリーのキャリアコンサルタントの報酬は自分の腕次第

さて、気になるキャリアコンサルタントの収入についてですが、図1-10

によると、最も多いのが「200〜400万円未満」で全体の約33％となっています。以下、「400〜600万円未満」約22％、「600〜800万円未満」が約14％、「200万円未満」約14％。「1000万円」以上が約8％になっています。

民間企業の人事部や総務部で正社員として働くキャリアコンサルタントは固定給制で、人材紹介会社で働く人は求職者の就職が決まった時に支払われる出来高制であることが多いようです。ハローワークなどの公共機関でキャリアコンサルタントの専門職で働く場合は有期雇用が多く、月給20〜30万円が一般的でしょう。

フリーのキャリアコンサルタントとして働く場合は、本人の腕次第です。企業と顧問キャリアコンサルタント契約を結んで高額の顧問料を受け取っている人や、セミナー講師として1回で数十万円もの講演料を稼ぐ人もいます。また、キャリアコンサルタントと兼業で社会保険労務士業をしたり、経営コンサルタント、人材コンサルタント契約を結んで年収1000万円にもなる人もいます。

どのような働き方をしてどれだけ収入を得るかは、キャリアコンサルタント各々の考え方や価値観によって変わってきます。自分のワーク・ライフ・バランスと相談しながら活動してみてください。

10 「働き方改革」「終身雇用制度崩壊」「国際化」「AI・IT化」が追い風に

大変革の時代がきた！

現在、国は「働き方改革」を進めています。少子高齢化社会を迎えて労働力人口が構造的に減少するという深刻な労働供給制約の時代に突入しています。2019年から始まった在留外国人に対する特定技能制度は、その対策のひとつで、人材の国際化、ダイバーシティ化が始まっています。産業構造の急速な変化や国際競争への対応のため、労働移動の促進や雇用の流動化が不可避となっています。

一方で、正社員と非正規社員との格差問題があり、解雇規制の緩和が議論されたり、労働基準法、労働契約法の改正なども議論されています。2019年に「70年に一度の労働基準法の大改革」があったのは記憶に新しいところです。

AI・ITの導入によって仕事への取り組み方も変わってきて、今までよりも多様な価値観・仕事観が要求される時代になったのです。企業側は、従業員がいかにして生産性の向上に貢献してくれるようになるか、そのキャリア形成も考えていかなければならなくなりました。

従業員側にとっても、企業は一生を保証してくれる組織ではなくなり、年功序列型賃金や昇進・昇給という形でのキャリアアップ、定年退職といった制度の価値観は以前よりも薄れてきています。もはや従業員側も昭和の時代のように企業に対する忠誠心（ロイヤリティ）の必要性も低くなりました。

キャリアコンサルタントに追い風の時代

こうした労働環境の大変革時代に誕生した資格がキャリアコンサルタントです。会社員も、これまでのように会社からの指示や命令に従って働くのではなく、各々が自律的、主体的に働き、会社の生産性を向上させて、いかに社会貢献していくかが重要になってきています。今や、キャリアや人生の課題を各々が自己決定し、計画的に職務を実行していかなければ幸せな一生を過ごせなくなっているのです。

もし、会社員自身が家族や親戚、会社の上司、同僚、学生時代の先生、先輩、同級生などに的確なアドバイスや支援を受けられる環境にいるなら、キャリアコンサルタントは必要ないかもしれません。

しかし、長い人生においては、大きな壁にぶつかったり行き詰まったりするなど、予期せぬ事態に遭遇することがあります。その際、周囲に適切なアドバイスや支援をしてくれる人がいなくて1人で悶々と悩み、そして悩んだ挙げ句にメンタル面に不調をきたしたりする人が近年では増えてきていて、最悪の場合には自殺という不幸な道を選ぶケースさえ出てきています。

キャリアコンサルタントには、一部「よろず悩み事相談」の役割もありますが、一番期待されているのは企業で働く個々人に対しての「より具体的なキャリアプランの設計とその支援、キャリアプランを実現するための能力開発プログラムの策定とその支援」(「『セルフ・キャリアドック』導入の方針と展開」厚生労働省編)です。

簡単に言えば、その役割は「相談者の問題解決を行い、次への一歩を踏み出せる〝気づき〟を促し、行動できるようにする」ことです。まさに現代は、キャリアコンサルタントにとっては、ビジネス(ビジネスという言葉を嫌う人もいますが)においても追い風の時代になっているのです。

第2章

自立する準備方法

1 まずは個人事業主、ダブルワークを検討する

自立する方法はキャリアによって違う

キャリアコンサルタントがいかに自立して収入を得ていくかを紹介します。その方法はキャリアコンサルタント各々のそれまでのキャリアによって変わってきます。例えば、資金も人脈もあって、まずは社会的な信用を得てからビジネス展開していきたいと考える人ならば、株式会社やNPOなどを設立して登記することが重要になるでしょう。

また、いま働いている会社が副業を認めていて、いきなりキャリアコンサルタントを本業としていくのは不安という人の場合は、アルバイト感覚でキャリアコンサルタントに挑戦してみるのもひとつの方法です。

本書執筆当時、私は個人事業主と会社員という立場にありました。主に企業を対象にセルフ・キャリアドック制度の提案を行い、一方では、会社に所属して労働局の「訓練受講希望者等に対するジョブ・カード作成支援推進事業」に携わっていました。いわゆる二足のわらじ、ダブルワークを行っていたわけです。もちろん、ダブルワークに関しては所属

会社の了承を得ていました。

私が個人事業主になったのは2017年です。私の経験をもとに、こうすればキャリアコンサルタントとして自立できるという方法を紹介しましょう。もちろん、私以上にキャリアコンサルタントとして成功している人はいると思います。もし、身近なところにモデルになる人がいるなら、その人を目標にしてもいいでしょう。あくまで、私のようなモデルケースがあるという気持ちで読み進め、参考になる部分を取り入れていただければと思います。

これまでの歩み

大学卒業後、転職を経験し、ワールドワイドで展開するドイツ系企業で働いていたとき、あのリーマンショックを契機に、また転職を経験しています。全世界的な人員見直しで退職を余儀なくされたのです。その頃、人材ビジネス関係者と接する機会があり、キャリアコンサルタントという資格に出会ったのです。

2011年に民間キャリアコンサルタント資格を取得、2016年に国家資格に登録しました。そして公共関連ビジネスやハローワークなどで非正規社員としてキャリアコンサルタントの経験を積んでいきました。2016年の「キャリコンバブル」と呼ばれた時代、このタイミングで個人事業主開業届を出し、現在に至っています。

私の例は、順風満帆のいわゆる一流企業でエリートコースを歩んでいる人には、あまり参考にならないかもしれません。ただ、40代、50代と役職定年を現実的に考える人がセカンドキャリアとして、これからキャリアコンサルタントとして自立を考えている場合には、すぐに役に立つ内容になっていると思います。

開業届を税務署に提出しよう

個人事業主（フリー）になるには税務署へ開業届を出せばいいだけなので簡単です。私は郵送で済ませました。開業届や廃業届の用紙は国税庁のホームページから簡単にダウンロードできます。また、近所の税務署でも手に入れることができます（図2-1）。

開業届を提出しなくても特に罰則はありませんが、提出すれば次の2つのメリットがあります。

《メリット1》 青色申告ができる

確定申告で経費を申告することで節税対策ができます。青色申告をするには、開業届と併せて、青色申告承認申請書を提出する必要があります。青色申告は白色申告よりも控除についてメリットがあり、複式簿記による書類の提出が必要となります。ただし、いままでは勘定科目と金額を入力すれば貸借対照表や損益計算書、確定申告に必要な書類などを簡単に作成できるソフトが年間1万円ほどの使用料であるので、それを使用すればむずかしくないはずです。

《メリット2》 銀行口座が開設できる

開業届で提出した屋号で銀行口座を作ることができます。事業用とプライベート用の口座は分けたほうが経理作業上便利で、屋号をもつことで社会的信頼も増します。開業届の「事業の概要」欄には、キャリアコンサルタントのほかにも、講師業や翻訳業、保険業、広告業など将来的にやりたい事業を記入して多角経営を意識するとビジネスを行うモチベーションも上がるでしょう。

図２－１　開業届の書式

税務署受付印

1	0	4	0

個人事業の開業・廃業等届出書

＿＿＿＿＿＿税務署長

＿＿年＿＿月＿＿日提出

納税地	○住所地・○居所地・○事業所等（該当するものを選択してください。） （〒　－　） （TEL　－　－　）
上記以外の住所地・事業所等	納税地以外に住所地・事業所等がある場合は記載します。 （〒　－　） （TEL　－　－　）
フリガナ	
氏名	印
生年月日	○大正 ○昭和 ○平成 ○令和　年　月　日生
個人番号	
職業	
フリガナ	
屋号	

個人事業の開廃業等について次のとおり届けます。

届出の区分	○開業（事業の引継ぎを受けた場合は、受けた先の住所・氏名を記載します。） 住所＿＿＿＿＿＿　氏名＿＿＿＿＿＿ 事務所・事業所の（○新設・○増設・○移転・○廃止） ○廃業（事由） （事業の引継ぎ（譲渡）による場合は、引き継いだ（譲渡した）先の住所・氏名を記載します。） 住所＿＿＿＿＿＿　氏名＿＿＿＿＿＿		
所得の種類	○不動産所得・○山林所得・○事業（農業）所得〔廃業の場合……○全部・○一部（　）〕		
開業・廃業等日	開業や廃業、事務所・事業所の新増設等のあった日	年　月　日	
事業所等を新増設、移転、廃止した場合	新増設、移転後の所在地	（電話）	
	移転・廃止前の所在地		
廃業の事由が法人の設立に伴うものである場合	設立法人名		代表者名
	法人納税地		設立登記　年　月　日
開業・廃業に伴う届出書の提出の有無	「青色申告承認申請書」又は「青色申告の取りやめ届出書」	○有・○無	
	消費税に関する「課税事業者選択届出書」又は「事業廃止届出書」	○有・○無	
事業の概要（できるだけ具体的に記載します。）			

給与等の支払の状況	区分	従事員数	給与の定め方	税額の有無	その他参考事項
	専従者	人		○有・○無	
	使用人			○有・○無	
				○有・○無	
	計				

源泉所得税の納期の特例の承認に関する申請書の提出の有無	○有・○無	給与支払を開始する年月日	年　月　日

関与税理士

（TEL　－　－　）

税務署整理欄							
整理番号	関係部門連絡	A	B	C	番号確認	身元確認	
0						□ 済 □ 未済	
源泉用紙交付	通信日付印の年月日	確認印	確認書類 個人番号カード／通知カード・運転免許証 その他（　）				
	年　月　日						

2 個人事業主収入と会社員収入を合算して確定申告する

開業したばかりで経費がかさむ個人事業主が給与所得とのダブルワークをする際に覚えておいたほうがよい節税対策があります。通常、雇用契約の会社員は年収２０００万円以下の場合は確定申告の必要はありません。しかし、給与所得と個人事業主での所得を合算して確定申告することで、節税することができるのです。

所得税の対象となるのは1年間の所得です。個人事業主として得た所得と可処分所得の金額に影響する雇用先での給与所得を合算させることができるのです。

つまり、雇用先の給与所得を個人事業主として収入を得るために使用した経費に計上できるというわけです。交通費やクライアントとの会議費、家賃、電気代、電話代などの通信費が経費として計上可能で、例えば、家賃に関しては事業で使用した部屋の面積でその割合を算定します。

これらを合算して赤字になった場合は、確定申告をすれば給与所得など他の所得と相殺できるため、支払いすぎた所得税の一部が還付されることになるのです。

しかし、個人事業主として行う副業が「小遣い稼ぎ」程度なら、収入を得るために生活を維持していく生活費、つまり所得控除としては認められず、雑所得と判断されてしまいます。この場合、たとえ赤字になっても可処分所得とは関係ないとされ、給与所得と相殺できないものとされてしまいます。赤字分が給与所得と相殺されるには、事業所得として認められる必要があり、まずは、開業届を提出して事業所得として認めてもらうようにしておく必要もあるのです。

また、交通費や飲食費などを経費で落とすには、負担費用を事業と関連づけるためにも領収書を残すことを忘れないようにしましょう。ただし、国税庁は2022年に、年間300万円以下の副業収入の所得区分を、原則雑所得扱いにするとの方針を公表したので注意が必要です。

3 これまでの交友関係を洗い出す

私が最初の行動として行ったのは、学生時代や社会人になるまでの交友関係を洗い出したことです。仲の良かった友人や高校時代の友人の経営者、社会保険労務士、税理士、弁護士など士業に携わっている知人100人ほどに会って、セルフ・キャリアドック制度助成金やキャリアコンサルタントについて話を聞いてもらったのです。

しかし、そのほとんどがセルフ・キャリアドック制度助成金やキャリアコンサルタントについて知りませんでした。友人の中には、「お前のやるキャリアコンサルタントとは、ヘッドハンティングする紹介会社を立ち上げることなのか？」と言われたこともあります。

この行動が成功した例はいくつかありますが、中でも最も印象深い成功例となったのが、8年前に社会保険労務士試験の勉強のために専門学校に通っていた時の友人に再会できたことでした。お互いに社会保険労務士試験に合格はできなかったのですが、彼の知り合いに社会保険労務士がいるので紹介してもらえたのです。

その社会保険労務士の人が私の話に興味をもって、顧問先にセルフ・キャリアドック制度助成金を提案してもらえました。そして、制度そのものも導入できたのです。また、その人から別の社会保険労務士を紹介してもらい、キャリアコンサルティングの仕事もできました。

これを機に、キャリアコンサルタントはネットワークが成功のカギとなることを実感しました。私の経験からも、これまでの交友関係を洗い出してキャリアコンサルタント業務をPRしていくことは有効な方法と言えます。

4 セミナー、交流会に参加して起業家の交友関係を深める

教育・普及活動も視野に入れて

キャリアコンサルティングはネットワーク形成がカギとなります。キャリアコンサルタントの「行動憲章」の「教育・普及活動」という項目にも、「キャリアコンサルタントは、〝個人の主体的なキャリア形成〟の重要性を広く社会一般に普及する活動を行う」と記されているため（第6章を参照）、できるだけ多くの人にキャリアコンサルタントの必要性を発信していくことが重要とされています。キャリアコンサルタントとして活動を進めていく上では、反社会的勢力以外の人たちすべてがクライアントになる可能性があるとも言えます。

ビジネスパートナーを見極める

ネットワークを広げる上で有効な手段がセミナーや交流会への参加です。私は、商工会議所の会員になり商工会議所のセミナーに参加、キャリアコンサルタントの勉強会にも参加し、大学のOB会の会員にもなりました。そのようなセミナーや交流会に参加すれば、情報収集が可能になりビジネスチャンスを作ることができます。

同じような働き方をしている人や起業家と出会うことで刺激にもなります。大きなビジネスをしている相手に限らず、同じ方向性をもつ人たちと出会うことで新たな気づきが生まれることがあるのです。

最近では、5000円程度で参加できる異業種交流会が各地で開催されていて、私も何回か参加したことがありますが、この種の交流会参加を実際にビジネスにつなげられたことはありませんでした。しかしもちろん、ビジネスに発展させた人もいるので、参加自体を否定するものではありません。

この種の交流会がビジネス成功のきっかけになる可能性はありますが、どのようなビジネス層の参加者がいるかわからないため、参加するなら、ある程度慎重さも必要です。ネズミ講まがいのネットワークビジネスや会員権、保険、金融商品、不動産の売り込み目的の参加者もいたりします。だから、自分がどのようなビジネスパートナーと出会いたいかを見極めて参加することが肝要です。

5 頼れる専門家のネットワークを築こう

自分1人で業務を行う

個人事業主として活動していくには、自分で契約書を作成し、自分1人で確定申告を行わなければなりません。私はそれまで民間企業の営業マンだったため、これらの業務は会社に頼り、契約書の作成などを自分でしたことはありませんでした。そのため、いざ個人事業主として実際に契約書を作成する時にはネットや専門書で調べ、時間をかけなければなりませんでした。その際、やはり弁護士や税理士などの専門家の知識があれば助かると感じました。

キャリアコンサルタントのビジネスでは、助成金を活用して労働局へ提出する書類を作成してもらうには社会保険労務士の知識が必要になります（助成金申請は社会保険労務士の独占業務です）。もちろん、すべての業務を1人で行える人なら必要ありませんが、私の場合、これらの知識が乏しく不安だったので、専門家に頼らざるを得ませんでした。

専門家に頼るには

普通、このような時には費用を支払って専門家に頼む方法をとります。専門家に顧問になってもらうのが一般的方法なのです。しかし、毎月顧問料を支払うのは、個人事業主になりたての人には負担が大きすぎます。私の場合もそうでした。そういった場合、いずれ経営が軌道にのった時点で顧問契約を考えればよく、最初のうちはスポットで相談に乗ってもらうほうがいいでしょう。そのためにも、セミナーや交流会で専門家とのネットワークを築いておくようにしましょう。

私の場合、幸いなことに中学時代の友人に税理士がいたり、弁護士の知り合いがいたため助かりました。社会保険労務士にもセルフ・キャリアドック制度助成金で何人かと知り合うことができました。

やはり、知り合いに専門家がいると何かと便利で、気軽に頼める関係性を日頃から構築しておくことが大切です。

また、日頃からキャリアコンサルタントのこれからの可能性や最新情報などを自分から発信するようにしておく必要もあります。協力を仰ぐ専門家に自分が何をしていきたいのかを明確に知ってもらうためです。

いきなり「無料で契約書を作って」と頼んでもいい顔をされません。ある程度は自分で作成しておいて、どうしてもわからないことだけを「ここだけ教えてくれませんか？」とお願いすることを考えましょう。関係性が築けていれば、時間もかからないため、あまりイヤな顔はされないはずです。

6 1年間は食べていける現金を貯める

クライアントの依頼には時間がかかる

個人事業主にしろダブルワークにしろ、キャリアコンサルタントとしていきなり収入を得るのはむずかしいことです。

「キャリアコンサルタントになりました」と言っても、認知されるまでには時間がかかるので、その間にＰＲなども必要となります。

そうして、小さな成功の積み重ねが徐々に周りに知られていきますが、クライアントから依頼をもらえるようになるまでには営業活動とのタイムラグが生じてしまいます。

そのため、いくら人脈があってすぐにでもビジネスができる人でも、予め最低半年、できれば1年くらい無収入で生活できるだけの貯金を蓄えておくことをおすすめします。

私の場合はダブルワークで始めたので給与所得があって生活費に困るようなことはありませんでした。しかし、いきなり独立しようという人は、生活費に加えて営業活動に使う交通費や打ち合わせ時の飲食代なども用意しておかなければなりません。ある程度の資金を蓄えておけば仕事にも余裕が生まれてプラスに働きます。誰でも、お金にギラギラしたキャリアコンサルタントよりも余裕のあるほうに依頼したいと思うのは当然でしょう。

会社員には毎月決まった日に決まった金額の振り込みがあるのは当たり前ですが、これは大きなメリットにもなっています。私もいきなりキャリアコンサルタントとして定期的に収入を得る自信がなかったため、まずダブルワークを選択したのです。

いきなり独立するかダブルワークを選択するかは、本人の決断によります。ただ言えることは、ちょっとした無駄遣いを控えて、キャリアコンサルタントとして活動していくための貯金に回したほうが有利だということです。

7 キャリアコンサルタントのSNSを活用する

SNSは有効な手段のひとつ

インターネットの時代、Facebook・Twitter・LinkedIn・LINEといったSNSを用いて自分の事業情報を世の中に発信してアピールできる時代です。どのSNSを使用しても、たいてい基本料は無料です。

これらのSNSを活用して、自分がキャリアコンサルタントとして活動していることを世の中に知らせることは大きなメリットになります。どれを使用するかは本人の好みで、私は主にFacebookとLinkedInを活用しています。特にFacebookにはキャリアコンサルタントのグループがいくつもあり、私も登録しています。

そこで情報収集ができたり、思わぬビジネスチャンスが生まれたりします。また、登録しておくことはネットワークの構築にも有利です。私自身、仕事上でキャリアコンサルタントが必要になった時にFacebookで告知して、人材を採用したという経験があります。人によっては、このようなSNSは煩わしいのでやりたくないという人もいますが、もし無理に活用してストレスが溜まるようなら、おすすめはしません。自分に合うほかの営業方法でクライアントを探せばよいのです。

私も当初はFacebookに自分の写真を掲載することに躊躇しました。別に自分の容姿を知らない人に見せたいとも思わず、どちらかと言うと目立つことを好むタイプでもないからです。しかし、キャリアコンサルタントとして生計を立てていくことを決心してからは、ビジネスの一環として割り切って掲載することにしました。

やはりSNSは、知らない人に自分がいまどのような活動をしているか知ってもらうには有効な手段です。また、キャリアコンサルタントの活動などをアピールすることで信用にもつながります。検討してみる価値はあるのです。

8 ホームページ、ブログ、キャリコンサーチの活用

ビジネスを始めるのならホームページを作成しよう

ＳＮＳのほかにもホームページやnote、amebaといったブログ、そして厚生労働省の提供している国家資格キャリアコンサルタントWebサイトの「キャリコンサーチ」の活用などもおすすめします。

自分のホームページをもつことは、最も効果が大きく、ホームページがあるかないかでクライアントからの信用度が大きく変わります。

最近は、簡単にホームページを作成できる無料サイトなどもありますが、本格的なビジネスサイトにしたいなら、業者に頼んで作成してもらいましょう。サイトの出来次第でクライアントからの信用度が違ってきます。ただし、業者に頼めるのはデザインなどの外枠だけなので、肝心の魅力あるホームページの中身にするのは本人次第ということは忘れないでください。

noteやブログは、いま自分がキャリアコンサルタントとしてどのような考えをもって

活動しているのかをアピールするには有効な手段です。三日坊主で終わらず、少し間が空いても定期的に書いていくことをおすすめします。ホームページとリンクさせて活用していけば、さらに効果が上がります。

キャリコンサーチの活用

厚生労働省が提供している国家資格キャリアコンサルタントWebサイトの「キャリコンサーチ」には、国家資格に合格したら登録できます。登録料は無料です。

このサイトには、自分の対応可能な業務や条件、職務経歴、自己PRを掲載することができます。「キャリコンバブル」の時は、このWebサイトを見て問い合わせをしてくる企業の担当者や社会保険労務士が大勢いました。私自身もビジネスにつなげた経験があり、知り合いのキャリアコンサルタントにも問い合わせがありました。

また、私のほうからこのサイトを利用してキャリアコンサルタントを採用した経験もあります。国家資格に合格したら、まずはこのキャリコンサーチに登録することをおすすめします。

ビジネスは、自ら情報を発信していくことでより効果が上がります。特にホームページは24時間×365日、キャリアコンサルタント業務をPRしてくれる有効な営業ツールと考えていいのです。自分に合った方法を見つけて、効果的に活用していきましょう。

9 自分の判断で料金が決められる

価格設定は質の問題

キャリアコンサルタントを実際にビジネスとして進めていくなら、クライアントからいただく料金を設定しなければなりません。

この料金には特に定めがあるわけではないので、自分で自由に設定できます。キャリアコンサルタント料はいくらくらいが相場なのか気になるところです。

実際「キャリコンバブル」の時の周りの情報だと、地域により異なりますが、1時間で1～2万円くらいが相場でした。一方、中には1時間3000円以下で請け負っていた人もいたようです。

私は営業系出身のキャリアコンサルタントなので、クライアントからお金をいただくことにそれほどの抵抗感はありません。ただ、キャリアコンサルタントの中には、仕事でのお金のやりとりが苦手な人もいるようで、特に教育系や人事・総務系出身の人に多い気がします。

また、キャリアコンサルタント業界自体に、表立ってお金の話をするのはいけないような雰囲気があるようにも感じています。そして、「控えめなキャリアコンサルタント」「自分のキャリアコンサルティングに自信のないキャリアコンサルタント」と見られるような人たちが1時間3000円という低額でキャリアコンサルティングを請け負っていたように思います。

クライアントにとって、料金だけを考えたら安いほうがよいに決まっています。しかし、1時間3000円のキャリアコンサルタントが3000円のコンサルティングしかできないのは残念ながら本当です。要は「料金の問題」イコール「質の問題」になってくるのです。

未経験者はできるだけ多くの機会を

「キャリコンバブル」の時は、セルフ・キャリアドック制度助成金の受給を目的としていた事業所が多くあったため、キャリアコンサルタントの質は求められず、料金のダンピングもあったようです。しかし、助成金がなくなりキャリアコンサルタントの質が求められていくこれからは、質の向上を目指して、キャリアコンサルタント自らが適切な料金を設定していく必要があります。

実は、私もキャリアコンサルタントデビューの頃、1時間3000円で請け負った経験があります。しかし、不謹慎ながらその料金ではキャリアコンサルティングのモチベーションは上がりませんでした。いまは、1時間3000円で請け負うことはありません。しっかりしたキャリアコンサルティングの知識を身につけ、経験を積んで自信をもって仕事に当たっているからです。

ただ、まだ国家試験に合格したばかりで、これまでキャリアコンサルティングの経験もないという人の場合は話が別で、いままで述べてきたことと少し矛盾しますが、できるだけ多くキャリアコンサルティングの機会を得ることを最優先にしましょう。

「キャリコンバブル」ではない現在、最初は無料でも多くのキャリアコンサルティングの経験を積んでおくほうがいいのです。あるキャリアコンサルタントがこう言っていました。「麻雀で勝つことと数学の問題の正解とキャリアコンサルティングは経験数に勝るものはない」と。言い得て妙ではあります。

第3章

公共関連ビジネスへの展開法

1 訓練前キャリアコンサルティングでハローワークに入り込む

訓練前キャリアコンサルティングは狙い目

本章では、公共事業ビジネスで有効なキャリアコンサルタントの仕事について述べていきます。

まずは、「訓練前キャリアコンサルティング」についてです。これは現役のキャリアコンサルタントでも知らない人が多いかもしれません。普通のキャリアコンサルタントは「上司との人間関係の悩み」や「会社を辞めたい」といった比較的ネガティブなイメージの相談を受けることが多いのですが、「訓練前キャリアコンサルティング」は、公共職業訓練を受けて転職したいという人に適した公共職業訓練の選択の手助けをするという、前向きな相談に乗るのが主な仕事になります。

相談者に対して、キャリアや人生の棚卸し、これからどのような方向性で働きたいのかをヒアリングして相談に乗り、適切な助言を行います。

公共職業訓練の種類はさまざまです。専門実践教育訓練、日本版デュアルシステム、雇用型訓練、特定一般教育訓練、長期高度人材育成コースなどがあります。

それぞれの訓練内容の説明は省きますが、看護師・理学療法士・歯科衛生士・保健師・介護福祉士・キャリアコンサルタントなどの資格取得を目指す講座や、大学院でのMBA取得を目標とする勉学中心の講座のほか、若年層やフリーターのための、社会人としての職業能力を上げるための企業実習やOff－JTを行っている訓練中心の講座などがあります。

財源は雇用保険

これらの公共職業訓練では、条件を満たしていれば給付金が支給されます。

例えば、専門実践教育訓練では、受講者が支払った教育訓練費の最大70％が支給となります。また、長期高度人材育成コースでは、最大では受講料全額が受講者に支給されます(テキスト代などは別途必要)。

受講費として給付される給付金など、公共職業訓練の財源は、雇用保険、つまり国費が使われています。そのため、訓練希望者が真剣に訓練を受ける意思・意欲があるかを事前に確認しなければなりません。その確認を、面談によって行うのが「訓練前キャリアコンサルティング」なのです。

ハローワーク（公共職業安定所）では、「訓練前キャリアコンサルティング」で作成されたジョブ・カード*のコメントをもとに、訓練希望者の中長期キャリア形成に有効なものになるか否かを見極め、給付金の支給や受講料決定の資料として使用します。

そのため、大変重要な役割を担っている人材が、「訓練前キャリアコンサルティング」を行う「訓練対応キャリアコンサルタント」なのです。

また、「訓練対応キャリアコンサルタント」が一般のキャリアコンサルティングを行う場合もあります。

＊ジョブ・カードとは、厚生労働省が推進する、個々の「生涯を通じたキャリア・プランニング」及び「職業能力証明」の機能を担う履歴書、職務経歴書のようなシートです。これは、「5　ジョブ・カードを活用しよう」で詳しく説明します。

民間企業が受託

「訓練対応キャリアコンサルタント」は、厚生労働省が定めるWeb研修を受講して、試験に合格して修了証を取得した人しかなれません。とは言っても、真面目に取り組めばパスできる、比較的簡単な試験です。しかし、この研修を修了していないと専門実践教育訓練、特定一般教育訓練の訓練前キャリアコンサルティングはできないので注意が必要です。

ハローワークでの職業訓練希望者の相談に乗ることができるのが「訓練対応キャリアコンサルタント」の特権であり、２０１４年に始まった制度です。しかし、この特権を簡単に取得できるのを知っている現役のキャリアコンサルタントはまだ少ないのが実情です。だから、訓練前キャリアコンサルティングができる人は、普通のキャリアコンサルタントよりもハローワークに入り込めるチャンスが高いと言えるようです。

公共職業訓練に関する事業（訓練受講希望者等に対するジョブ・カード作成支援推進事業）は、47都道府県において、毎年3月頃、労働局から受託・運営する民間会社が入札で決まります。そして、毎年3月後半から4月にかけて、「訓練対応キャリアコンサルタント」の募集があります。また、10月から3月にかけての繁忙期にも追加募集があります。ハローワークの求人票やFacebookのキャリアコンサルタントグループの投稿に注目して情報収集してみてください。

プロフィールに実績が書ける

気になる給料は、私の地元愛知県の場合は日給1万３３３０円（２０２２年度）となっています。1日7時間45分の就業なので、時給換算すると1720円。必ずしも高い時給とは言えませんが、デビューしたてのキャリアコンサルタントにも比較的容易な仕事なので、おすすめではあります。

キャリアコンサルタントのプロフィールにハローワークでのキャリアコンサルティング実績ありと書かれていると大きなアピールになります。民間企業へのキャリアコンサルティングは機密保持契約などで企業名は出せないことが多いのですが、公共機関は公にアピールができます。ハローワークでキャリアコンサルティング実績を積んで社会的信用を得てから次へステップアップするというのもいいかもしれません。

2 ハローワークの非正規職員で実績を作り、信用度を高めよう

ハローワークは非正規職員がほとんど

次に、ハローワークで非正規職員として働く方法について述べていきます。

ハローワークは、通常、雇用保険適用部門、雇用保険給付部門、企業支援部門、専門援

助部門、職業紹介部門などに分かれています。その規模によりいくつかの部門の仕事を兼任する場合もあります。ハローワークの職員の7～8割は非正規職員です。キャリアコンサルティングの実績を積む上で、ハローワークの非正規職員になることもひとつの選択方法かもしれません。

キャリアコンサルタントの相談業務に直結する部門は、ハローワークでは職業紹介部門です。仕事としては、主に求職者に対して求人票を見ながら職業相談、職業紹介を行います。また、仕事と子育ての両立を希望する人に対しての相談業務を行うマザーズコーナーや障害者及び外国人を支援する専門援助部門などもあります。

非正規職員は1年間の有期雇用で業務を委嘱されます。求人募集は、毎年1～2月頃で、ハローワークなどで求人票が公開されます。また、欠員が出た時などには随時募集がかけられます。

ジョブサポーター、就職支援ナビゲーターなど人気の職種には、応募が殺到して求人票が公開された日の午前中で応募が締め切られる場合があるので、興味のある人は、ハローワークの求人票の情報収集をマメに行ってください。

月収は20〜30万円

ハローワークの非正規職員の待遇については、世間でさまざまな意見があるようですが、以前よりも改善はされているようです。給料はおおよそ月収20〜30万円で、賞与も少しですがあります。

私も2年間ハローワークの求人部門で働いた経験がありますが、企業の経営者や人事・総務部の担当者に対して、労働基準法や労働市場、求人票の作成などについての助言や相談業務を行いました。この経験で企業の悩み、課題などを知ることができ、現在のキャリアコンサルティングを行う上で役立っています。

非正規職員として採用された人たちの前職はさまざまですが、やはり社会保険労務士やキャリアコンサルタントの資格をもっていたほうが採用に有利に働くようです。

私がハローワークに勤めていた時は、社会保険労務士や企業の元役員、主婦、定年後再就職した人など、さまざまな経歴の人が働いていました。キャリアコンサルタントの相談業務の経験は、職業紹介部門の仕事やジョブサポーターの仕事で積むことができますが、他の部門においても、労働契約法や労働基準法などの労働関連法の知識が身につきます。

さらには、最新の労働市場の動き、国の方針についての情報などがつぶさに得られることから、今後もキャリアコンサルタントとして活動していくのに大いに役立つはずです。

キャリアコンサルタントのステップとして、ハローワークの非正規職員も、検討する価値のある選択であることを頭に入れておいていただければと思います。

3 ハローワーク・公共機関でのセミナー講師を狙う

セミナー講師もキャリアコンサルタントの仕事のひとつ

キャリアコンサルタントの仕事のひとつにセミナー講師があります。

ハローワークでは、就職の際の履歴書や職務経歴書の書き方、面接対策、また、コミュニケーション能力の磨き方、中高年齢者の求職活動方法など、求職者向けに定期的に無料セミナーを実施しています。また、私の地元の公益財団法人愛知県労働協会という組織では、就労支援として「モチベーション意識改革」「失敗しないための就活マナー」などの無料セミナーを実施しています。セミナーの内容は毎回変わります。このような組織は各都道府県にあります。

第3章

こうしたセミナーの講師をキャリアコンサルタントに依頼することが多く、セミナー講師を収入の柱にしたい人には大きなチャンスとなっています。

公共機関だけでなく、民間企業でもセミナーは多く開催されているので、これらを狙う場合は、研修会社などに登録しておくことをおすすめします。

ホームページ、SNSを更新しよう

ハローワークの場合、このようなセミナーは民間会社やNPOに委託しています。募集のある時はハローワークに求人票が公開されるので、注意してチェックしてください。

また、愛知県労働協会のセミナー講師は、職員がキャリアコンサルタントのホームページやFacebookなどのSNSを見て依頼するケースもあります。以前は、セミナー講師希望者が自己PRの書類を持ってきていたそうですが、現在はネット上でセミナー講師として依頼するだけの活動をしているのかを職員が判断するとのことです。

日頃から、ホームページやSNSを更新して、活発に活動していることをアピールしておくことも必要です。

セミナー講師としての給料は、セミナーの内容や時間、経験数などによって違いますが、

平均すると時給1300~3000円くらいでしょう。セミナー告知のチラシに写真や名前、プロフィールなどが掲載されることもあるので、知名度アップにも役立ちます。給料は低いのですが、ハローワークや公共機関でセミナー講師の実績を積んで、将来、企業を中心に活動するための基礎を積んでおくこともひとつの方法です。

4 最初は安くても実績作りのために仕事を請け負おう

キャリアコンサルティングの質向上には時間がかかる

キャリアコンサルティングの料金設定は、自分のキャリアコンサルティングの質に自信をもって、安売りしないように、と書きました。

しかし、自分のキャリアコンサルティングの質に自信をもってクライアントにアピールできるようになるまでには時間がかかることも事実です。

これまで企業内でキャリアコンサルタントとして実績のある人なら、独立してもスムーズにできると思いますが、まだ実績のない人はいきなりアピールすることはおすすめしません。

経験のないキャリアコンサルタントはまずは実績作りを

最初は給料が安くても、まずは実績を作ることを優先して仕事を請け負うようにすべきです。経験も実績もないキャリアコンサルタントが実力以上の価格設定をして営業して、仮に受注できたとしても、必ず後でボロが出るものです。相談者から企業の責任者にそれを伝えられて悪評が立ってしまったらリピートは期待できません。

私の経験から言えば、20〜30回くらいキャリアコンサルティングの経験を積めば「コツ」がわかってきます。もちろん、クライアントが100人いれば100人違った相談内容になるのは当然。ここで言う「コツ」とは、自分なりのスタイルや仕事の流れがわかってくるという意味です。

5 ジョブ・カードを活用しよう

ジョブ・カードは4枚記入

続いては、実際にキャリアコンサルティングをする際に使用するおすすめのツールの紹介です。

前にも少し触れましたが、キャリアコンサルティングをする際に面談者にジョブ・カードを作成してもらうことをおすすめしています。「カード」という名前なのでキャッシュカードのような小さなカードを想像する人もいますが、実際はA4サイズの履歴書のようなシートになっています。

厚生労働省が推進する個々の「生涯を通じたキャリア・プランニング」及び「職業能力証明」の機能を担う履歴書、職務経歴書のようなシートなのです（表3－1～表3－4）。

キャリアコンサルタントが使用するジョブ・カードは、主に次の4枚です。

●様式1－1　キャリア・プランシート（就業経験がある人用）

これは自分の価値観、興味、関心事項、強みや将来取り組んでみたい仕事や働き方などをまとめるシートです（表3－1）。様式1－2は、就業経験のない人、学卒者など用となっています。

●様式2　職務経歴シート

このシートはこれまで経験してきた職務経歴をまとめるものです（表3－2）。所属した会社名や期間、職務の内容、職務の中で学んだこと、得られた知識・技能などをまとめてもらいます。転職回数が多い人は1枚で書ききれないことも。その場合はシートをコピーして複数枚書いてもらいましょう。

●様式3－1　職業能力証明（免許・資格）シート

こちらのシートには、取得した免許・資格を記入してもらいます（表3－3）。取得時期、免許・資格の実施・認定機関の名称、免許・資格の内容なども記入してもらいます。普通自動車免許も書いてもらってください。実施・認定機関は○○県公安委員会です。学生時代に取得した英検や漢字検定などの民間資格もわかる限り書いてもらいましょう。フォークリフトや玉掛けなどの講習も書いてもらってもよいかもしれません。相談者の中には、たくさん免許・資格をもっていて思い出せないという人もいます。その場合、できるだけ思い出して記入してもらうことが望ましいのですが、どうしても書けない場合は実際に仕事で使用している免許・資格だけでもいいでしょう。

●様式3－2　職業能力証明（学習歴・訓練歴）シート

このシートは学歴記入用のものです（表3－4）。期間、教育・訓練機関名、内容などを記入してもらいます。原則として中学校卒業以降の学校・教育訓練での学歴を記入しますが、実際には最終学歴のひとつ前から書いてもらえばよいでしょう。高校中退なら中学から、大学院卒なら高校からとなります。専門学校も書きましょう。また、公共職業訓練を受講していたら、それも記入しましょう。学生時代に力を入れてきたこと、例えば、勉強、部活、生徒会、サークル、ゼミ、アルバイト、ボランティアなどどんな学生生活を過ごしてきたかわかるようなことを記入してもらいます。

表３－１　キャリア・プランシート（第１面）

様式１－１

就業経験がある方用

年　　月　　日現在

ふりがな		生年月日	年　　月　　日
氏名			
ふりがな		電話	
連絡先	〒　　－		－　　－
		メールアドレス	

価値観、興味、関心事項等 （大事にしたい価値観、興味・関心を持っていることなどを記入）
強み等 （自分の強み、弱みを克服するために努力していることなどを記入）
将来取り組みたい仕事や働き方等 （今後やってみたい仕事（職種）や働き方、仕事で達成したいことなどを記入）
これから取り組むこと等 （今後向上・習得すべき職業能力や、その方法などを記入）
その他 （以上から、自己ＰＲやキャリアコンサルティングで相談したいことなどを自由記入）

～文部科学省、厚生労働省及び経済産業省は「ジョブ・カード」の普及に取り組んでいます～

表３－１　キャリア・プランシート（第２面）

様式１－１

キャリアコンサルティング実施者の記入欄

キャリアコンサルティングの実施日時、キャリアコンサルティング実施者の所属、氏名等

（実施日時：　～　所属：　氏名：
電話番号：　登録番号：）

（実施日時：　～　所属：　氏名：
電話番号：　登録番号：）

（実施日時：　～　所属：　氏名：
電話番号：　登録番号：）

（注意事項）

1 「連絡先」欄には、連絡を希望する住所やメールアドレス等を記入してください。
2 「価値観、興味、関心事項等」欄、「強み等」欄、「将来取り組みたい仕事や働き方等」欄、「これから取り組むこと等」欄、「その他」欄のいずれかに記入した場合には、記入年月日を記入してください。
3 教育訓練関係の助成金申請の書類として活用する場合には、「キャリアコンサルティング実施者の記入欄」に、当該教育訓練の必要性に係るコメントを記入してください。
4 記入しきれないときは、適宜枠の幅の拡大等を行って記入してください。
5 本シートは、電子的方式、磁気的方式その他人の知覚によっては認識することができない方式で作られる記録であって、電子計算機による情報処理の用に供されるものをもって作成することができます。
6 必要があるときは、各欄を区分し、または各欄に所要の変更を加えることその他所要の調整を加えることができます。

～文部科学省、厚生労働省及び経済産業省は「ジョブ・カード」の普及に取り組んでいます～

表３－２　職務経歴シート（第１面）

様式２

氏名	

年　　月　　日現在

職務経歴			
No.	期間（年月～年月） （何年何ヶ月） 会社名・所属・ 職名（雇用形態）	職務の内容	職務の中で学んだこと、 得られた知識・技能等
1	年　月～　年　月 （　年　ヶ月） （　）		
2	年　月～　年　月 （　年　ヶ月） （　）		
3	年　月～　年　月 （　年　ヶ月） （　）		
4	年　月～　年　月 （　年　ヶ月） （　）		
5	年　月～　年　月 （　年　ヶ月） （　）		
6	年　月～　年　月 （　年　ヶ月） （　）		

～文部科学省、厚生労働省及び経済産業省は「ジョブ・カード」の普及に取り組んでいます～

表３－２　職務経歴シート（第２面）

様式２

○氏名[　　　　　　　　　]の「期間、会社名・所属・職名」欄及び「職務の内容」欄について確認しました。

・会社名：

・所在地：

（期間ごとに確認する場合）

No.1について：役職・氏名（　　　　　　　　　　　　　　　　　　　　　　　　　印）

No.2について：役職・氏名（　　　　　　　　　　　　　　　　　　　　　　　　　印）

No.3について：役職・氏名（　　　　　　　　　　　　　　　　　　　　　　　　　印）

No.4について：役職・氏名（　　　　　　　　　　　　　　　　　　　　　　　　　印）

No.5について：役職・氏名（　　　　　　　　　　　　　　　　　　　　　　　　　印）

No.6について：役職・氏名（　　　　　　　　　　　　　　　　　　　　　　　　　印）

（同一者が全ての期間について確認できる場合）

役職・氏名（　　　　　　　　　　　　　　　　　　　　　　　　　印）

（注意事項）

1　原則として、会社ごとに記入してください。
　なお、「期間、会社名・所属・職名」欄及び「職務の内容」欄に係る会社の確認を行わない場合等は、1枚のシートに複数社の職務経歴を記入して差し支えありません。
2　本シートは、キャリア・プランシート作成時の資料、求職時の応募書類等として活用します。
3　「期間、会社名・所属・職名」欄、「職務の内容」欄及び「職務の中で学んだこと、得られた知識・技能等」欄は、本人が記入します。なお、本シートは応募書類として社外にて活用する場合があることに留意して記入してください。
4　「職務の内容」欄には、本人が従事した職務の内容とともに、可能な限り、果たした役割、貢献したこと等を記入してください。
5　所属又は職務の内容が変更されるごとに記入しますが、複数の所属の内容をまとめて記入してもかまいません。
6　会社が、「期間、会社名・所属・職名」欄及び「職務の内容」欄の内容を確認した場合、会社確認の欄に会社名、所在地と確認した担当者の方の役職、氏名を記入し、押印してください。
　会社の確認は、主に、在職労働者が離職の際に、求職時の応募書類として活用するためのもので、可能な範囲で行ってください。なお、キャリア・プランニング時には必ずしも必要ありません。
　記録がない等により内容の確認ができない場合は、その理由等を「役職・氏名」欄に記入してください。
7　会社の状況に応じて、全ての期間を同一者が、又は期間ごとに異なる者が確認してください。
8　会社の確認が行われていない場合は、第1面のみを応募書類等として提出してください。
9　記入しきれないときは、適宜枠の数を増やす等により記入してください。
10　本シートは、電子的方式、磁気的方式その他人の知覚によっては認識することができない方式で作られる記録であって、電子計算機による情報処理の用に供されるものをもって作成することができます。
11　必要があるときは、各欄を区分し、または各欄に所要の変更を加えることその他所要の調整を加えることができます。

～文部科学省、厚生労働省及び経済産業省は「ジョブ・カード」の普及に取り組んでいます～

表３－３　職業能力証明（免許・資格）シート

様式３－１

氏名	

No.	免許・資格の名称 取得時期	免許・資格の実施・認定機関の名称	免許・資格の内容等
1	 年　月		
2	 年　月		
3	 年　月		
4	 年　月		
5	 年　月		

（注意事項）

1 「免許・資格の内容等」欄には、必要に応じて、免許・資格付与の基準・目安等も記入（又は添付）してください。
2 原則として、本シートを生涯にわたって活用していく中で、免許・資格の取得の都度、証明する書類等（写本）の添付を可能な範囲で行ってください。また、応募書類とする場合は、応募先の業務で必要な資格等の書類等（写本）を添付する等、可能な範囲で必要に応じて書類等（写本）の添付を行ってください。なお、キャリア・プランニング時には必ずしも必要ありません。
3 記入しきれないときは、適宜枠の数を増やす等により記入してください。
4 本シートは、電子的方式、磁気的方式その他人の知覚によっては認識することができない方式で作られる記録であって、電子計算機による情報処理の用に供されるものをもって作成することができます。
5 必要があるときは、各欄を区分し、または各欄に所要の変更を加えることその他所要の調整を加えることができます。

表３－４　職業能力証明（学習歴・訓練歴）シート

様式３－２

氏名	

No.	期間	教育・訓練機関名 学科(コース)名	内容等
1	年　月 ～ 年　月		
2	年　月 ～ 年　月		
3	年　月 ～ 年　月		
4	年　月 ～ 年　月		

(注意事項)

1　原則として、中学校卒業以降の学校、教育訓練機関での学習歴を記入してください。
2「内容等」の欄には、教育・訓練の内容とともに、学んだこと・得られたことも記入します。
3　原則として、本シートを生涯にわたって活用していく中で、教育・訓練を修了した都度、証明する書類等(写本)の添付を可能な範囲で行ってください。また、応募書類とする場合は、応募先の業務で必要な修了証等の書類(写本)を添付する等、可能な範囲で必要に応じて書類等(写本)の添付を行ってください。なお、キャリア・プランニング時には必ずしも必要ありません。
4　記入しきれないときは、適宜枠の数を増やす等により記入してください。
5　本シートは、電子的方式、磁気的方式その他人の知覚によっては認識することができない方式で作られる記録であって、電子計算機による情報処理の用に供されるものをもって作成することができます。
6　必要があるときは、各欄を区分し、または各欄に所要の変更を加えることその他所要の調整を加えることができます。

～文部科学省、厚生労働省及び経済産業省は「ジョブ・カード」の普及に取り組んでいます～

民主党政権時代に「事業仕分け」の対象に

ジョブ・カードは２００７年に政府の「成長力底上げ戦略」の中の「人材能力戦略」として打ち出され、２００８年４月から実施されました。２０１０年に、２０２０年までに登録者数を３００万人にするという数値目標も掲げました。しかし、民主党政権時代に効果に疑問符をつけられて「事業仕分け」の対象になりました。

その後、政府の答弁は最終結論ではないとしています。２０１５年の職業能力開発促進法の一部改正により、キャリアコンサルタントの国家資格創設と共に新ジョブ・カード制度に移行しています。２０１７年現在で約１８０万人の取得者数です。

詳しくは「ジョブ・カード制度総合サイト」をご覧ください。

ジョブ・カードは優れたツール

「事業仕分け」で取り沙汰された苦い過去はありますが、ジョブ・カードはとてもよくできたカードです。それぞれのシートを記入することで、それまでの自分のキャリアの棚卸しができて自己理解、仕事理解につながります。

また、キャリア・プランシートを記入することで、自分の強みやこれからの目標、方向性、課題がわかり、その上でいまどのようなことに取り組まなければならないかもわかってきます。

現在はソフト、電子化もされていて、導入している企業もあります。とても優れたツールと言えます。

通常、ジョブ・カードを作成するには2〜3時間かかります。うまく書けない時はキャリアコンサルタントにアドバイスしてもらえばよく、ここがキャリアコンサルタントの腕の見せどころです。

また、すでに終了したセルフ・キャリアドック制度による助成金や、のちほど触れる訓練に関する助成金を受けるにはジョブ・カードの提出が義務づけられています。そして、このジョブ・カードはキャリアコンサルタントが面談後に裏書（コメント）を記入して完成させるようになっているので、キャリアコンサルタントとの相談が必須なのです。

6 労働局助成室職員と信頼関係を築き助成金を活用しよう

助成金は雇用保険の適用事業所に支給される

会社経営者や総務・人事関連の仕事を経験した人なら、一度は助成金の活用を検討したことがあるのではないでしょうか。しかし、まったく縁のない人もいると思うので、本書ではキャリアコンサルタントが公共関連ビジネスを行う上で知っておいたほうが有利になる内容にポイントを絞って解説します。

すでに説明したように、2016年から2017年の「キャリコンバブル」の際に脚光を浴びたセルフ・キャリアドック制度導入のために企業に支給される助成金も、キャリアコンサルタントとして収入を得るのに有効なものでした。

ここで言う助成金は、「厚生労働省所管の雇用・労働分野の助成金」、すなわち雇用の安定、職場環境の改善、仕事と家庭の両立、従業員の能力向上、生産性向上に向けて取り組む企業に対する支援金という意味のものです。

助成金を簡単に言ってしまうと、雇用保険の適用事業所が一定の要件を満たせば国から支給される、返済の必要のない支援金のことです。助成金について、それを受けるための手続きなど詳細は本書では割愛します。

雇用保険の適用事業所とは、従業員が雇用保険に加入している、もしくは加入を予定している事業主による事業所のことです。

助成金の不正受給は絶対にやめよう

助成金の財源のほとんどは、雇用保険（事業主負担分の一部）によるものです。そのため、雇用保険を支払っている企業は、受給対象の要件を満たしていれば原則受給可能です。その要件が助成金の種類によって異なるため、くれぐれも不正受給とならないよう注意が必要です。

セルフ・キャリアドック制度の助成金に関しても、実際キャリアコンサルティングを実施していないのに虚偽の申請をして受給して問題になったことがあると聞いています。

しかし、決められた約束事を守り、決められた書類を期限通りに不備なく労働局に申請すれば、ほとんどの場合受給できるのです。

ちなみに、昨今は失業率の低下もあって、雇用保険の積立金は約６兆円（２０１５年現在）となっており、料率引き下げが実施されたり「就職氷河期世代救済政策」に使用されたりしています。

有期実習型訓練がおすすめ

では、次にキャリアコンサルタントがビジネス展開していく上で有効な助成金について説明しますが、助成金の内容は毎年変わることを念頭に置いておかなければなりません。そこで、本書では昨年度、つまり２０１９年度の助成金について説明します。２０２０年度以降は内容が変わったり、新たな助成金が登場したりするので、詳細は労働局やハローワークで直接確認することをおすすめします。

いくつかあるキャリアコンサルタントに有効な助成金の中で、特におすすめなのは、有期実習型訓練を実施することにより受けられる人材開発支援助成金です。

この人材開発支援助成金は、有期雇用契約の社員に対して、事業主が職務に関連した専門知識や技能を習得させるための職業訓練を計画に沿って実施した場合、必要となる訓練費用や訓練期間中の賃金の一部等を助成するものです。

有期実習型訓練は、「一般職業訓練」と「中小企業等担い手育成訓練」とともに「特別育成訓練コース」の中にあります。

有期実習型訓練の中には訓練対象者を新たに雇い入れる場合の「基本型」と訓練対象者を雇用している場合の「キャリア・アップ型」があります。ここでは後者「特別育成訓練コース」の「キャリア・アップ型」に焦点を当てます。

「特別育成訓練コース」は、有期契約労働者等に対して正規雇用労働者等に転換、または処遇を改善することを目指し実行する訓練のコースと言えます（有期実習型訓練の詳細は、表3－5を参照ください）。

Ｏｆｆ－ＪＴの研修が狙い目

「特別育成訓練コース」では、Ｏｆｆ－ＪＴとＯＪＴを組み合わせた職業訓練が実施されています。

厚生労働省はＯｆｆ－ＪＴを、生産ラインや就労の場の生産活動と区別して、業務遂行の過程外で行われる（事業内または事業外の）職業訓練と定義しています。つまり、キャリアコンサルタントもできる研修のことを指すわけです。

表３－５　有期実習型訓練

「有期実習型訓練」と「訓練計画の策定」

有期実習型訓練とは

OJT（実習）とOff-JT（座学等）とを相互に密接に関連させながら、効果的に組み合わせて行う訓練です。

OJT：適格な指導者の指導の下、企業内の事業活動の中で行われる実務を通じた訓練をいいます。

Off-JT：企業の事業活動と区別して行われる訓練をいいます。

<主な訓練基準>

- 実施期間が３か月以上６か月以下であること
- 訓練総時間が６か月当たりの時間数に換算して425時間以上であること
- 総訓練時間に占めるOJTの割合が１割以上９割以下であること

<OJTの「適格な指導者」とは>

職業訓練実施日における出勤状況・出退勤時刻を確認できる訓練担当者（役員等訓練実施事業所の事業により報酬を受けている者、または従業員として当該事業所から賃金を受けている者）をいいます。

訓練計画の策定

訓練計画の策定に当たっては、以下の点に注意してください。　（P6「助成対象とならない訓練の例」参照）

○ **訓練は訓練修了後に対象労働者を正社員転換することを目的とするものでなければなりません。**

☑ 訓練修了後に対象労働者を正社員転換するための基準･時期を明確にしましたか？基準は**ジョブ・カードの企業評価に基づくもの**である必要があります。また、正社員転換の時期は**訓練修了後２か月以内**であることが必要です。

☑ 対象労働者に訓練の目的、訓練修了後に正社員転換するための基準･時期を説明し、十分に理解させましたか？

○ **訓練は目的等に照らして必要性が認められるものでなければなりません。**

☑ 訓練対象者は正社員転換するために訓練が必要な者だけに限られていますか？

☑ 訓練内容は対象労働者が正社員転換するために必要な内容だけに限られていますか？

○ **訓練は実現が見込めるものでなければなりません。**

☑ OJTに必要な指導者が確保されていますか？OJTは適格な指導者の指導の下で行われる必要があるため対象労働者だけでは実現できません。

☑ OJTの対象となる実務は確保できる目途がありますか？例えば接客等のOJTを行う場合には、お客様がいない時間帯も想定されますので、お客様がいない時間帯に実施する研修内容も含めて計画してください。

■ 「訓練カリキュラム」「訓練計画予定表」は効果的な訓練を計画的に実施するために重要な書類です。以下のとおり、適切に作成しましょう。

[訓練カリキュラム]

○ OJTは企業における職務または作業を分析し、その結果、訓練において指導すべき作業の要素、それに関連する知識の項目、訓練参加者に課す仕事を考慮して設定する必要があります。

○ Off-JTは企業でのOJTを補完する基本的な知識や技能、企業にとって能力要素として必要ではあるもののOJTでは習得できない知識や技能などを学ぶための教科を設定する必要があります。

○ 設定したOJT、Off-JTはおおよその内容とその順序がわかるように記述する必要があります。

[訓練計画予定表]

○ 訓練カリキュラムで設定したOJT、Off-JTについて月ごとの実施予定を記入します。実施時期がわかるものであれば日、週ごとに記入しても構いません。

(!!) ご注意ください

□ 訓練計画に不備があると認められる場合には速やかに補正する必要があります。管轄労働局が指定する期限までに補正を行わない場合には**助成金は支給されません。**

厚生労働省、都道府県労働局、ハローワーク資料

一方、ＯＪＴは通常の業務内で上司などの指導者が仕事に係る技術や知識を従業員に習得させることとしています。そのため、ＯＪＴでは社員でない限りキャリアコンサルタントは関われません。

このＯｆｆ－ＪＴの研修では、どのような訓練を実施するか、訓練カリキュラムを作成する必要があります（表３－６）。

このカリキュラムにキャリアコンサルタントが実施する講習を盛り込むことで研修内容が決まります。自分の得意分野の講習を盛り込めばいいわけですが、注意点がいくつかあります。それは、意識改革やモラル向上、社内一丸となってチーム力向上を目指すもの、あるいはコミュニケーション能力を向上させて知識・技術の習得を目指すものは助成金の支給対象にならないということです。

また、経営改善の指導や入室管理のマニュアル作成、ＱＣ（品質管理）サークル活動など、通常の事業活動として遂行されるものを目的とする講習なども助成金の支給対象として認められていません。しかし、コミュニケーション能力の開発などは職務名または教科名としては認められないものの訓練内容、企業の実習の心得、能力評価として認められる場合も

表3－6　有期実習型訓練

訓練カリキュラムの作成例

<table>
<tr><td colspan="4">訓練コース名</td><td colspan="2">金属プレス加工実践</td><td rowspan="2">実習等(OJT)／座学等(Off-JT)
実施主体・実施場所</td><td rowspan="2">訓練担当者／講師名等</td></tr>
<tr><td rowspan="17">有期実習型訓練の内容</td><td colspan="3">職務名又は教科名</td><td>職務又は教科の内容</td><td>時間</td></tr>
<tr><td colspan="2" rowspan="8">実習（OJT）</td><td>金型構造理解・金型整備作業</td><td>金型交換作業の見習い、折損等確認、清掃・点検</td><td>20</td><td rowspan="2">自社工場金型部門（□□市■■工場）</td><td rowspan="2">担当：金型部門長
○○　○○</td></tr>
<tr><td>打ち抜き加工作業</td><td>機械操作、試し検査、片付け、金型交換作業の見習い</td><td>50</td></tr>
<tr><td>プレス曲げ加工作業</td><td>機械操作、試し検査、片付け、金型交換作業の見習い</td><td>50</td><td rowspan="3">自社工場プレス部門（□□市■■工場）</td><td rowspan="3">担当：プレス部門長
○○　○○</td></tr>
<tr><td>折り曲げ加工作業</td><td>機械操作、試し検査、片付け、金型交換作業の見習い</td><td>50</td></tr>
<tr><td>絞り加工作業</td><td>機械操作、試し検査、片付け、金型交換作業の見習い</td><td>60</td></tr>
<tr><td>成形加工作業</td><td>機械操作、試し検査、片付け、金型交換作業の見習い</td><td>60</td><td rowspan="2">自社工場成形部門（□□市■■工場）</td><td rowspan="2">担当：成形部門長
○○　○○</td></tr>
<tr><td>順送加工作業</td><td>機械の動作状態の監視、材料補充、順送加工機械の操作、製品の検査、片付け、金型交換作業の見習い</td><td>40</td></tr>
<tr><td colspan="3">OJT計　330　時間</td><td colspan="2"></td></tr>
<tr><td rowspan="7">座学等（Off-JT）</td><td rowspan="4">学科（講習）</td><td>オリエンテーション、能力評価</td><td>訓練内容、企業実習の心得、能力評価</td><td>10</td><td>訓練実施事業主（□□市■■事業所内会議室）</td><td>講師：工場長
○○　○○</td></tr>
<tr><td>職業能力基礎講習</td><td>ビジネスマナー、コミュニケーション、チームワーク、職業倫理とコンプライアンス、接遇（身だしなみ、態度、CS（顧客満足）、ホスピタリティ）</td><td>15</td><td>(株)△△△（○○市●●ビル２F）</td><td></td></tr>
<tr><td>金型構造・整備の基礎知識</td><td>金型に関する知識（種類、基本構造、機能、外観検査方法、潤滑方式）、整備・補修に必要な図面の解読</td><td>20</td><td>一般社団法人　○○協会（△△市▲▲）</td><td></td></tr>
<tr><td>プレス加工の基礎知識</td><td>プレス加工に関する知識（関連法令、安全作業法、プレス加工の種類、プレス材料に関する知識（種類、性質、欠陥検査方法））</td><td>20</td><td>一般社団法人　○○協会（△△市▲▲）</td><td></td></tr>
<tr><td rowspan="2">実技（演習）</td><td>金型取扱の基本実技</td><td>金型の種類・構造・機能、交換作業の見習い、外観検査（検査機器の種類、操作方法）、整備、保管</td><td>15</td><td>訓練実施事業主（□□市■■事業所内会議室）</td><td>講師：金型部門長
○○　○○</td></tr>
<tr><td>プレス機械の基本実技</td><td>プレス機械の種類・構造・機能、仕様・能力、操作、点検・整備</td><td>15</td><td>訓練実施事業主（□□市■■事業所内会議室）</td><td>講師：プレス部門長
○○　○○</td></tr>
<tr><td colspan="4">Off-JT計　95　時間</td><td colspan="2" rowspan="2"></td></tr>
<tr><td colspan="5">有期実習型訓練合計　425　時間</td></tr>
</table>

対象者氏名：＿＿＿＿＿＿＿＿＿＿＿＿

上記訓練カリキュラムに基づきキャリアコンサルティングを実施しました。

キャリアコンサルティング実施日：　　年　　月　　日

ジョブ・カード作成アドバイザー等氏名：＿＿＿＿＿＿

登録番号：＿＿＿＿＿＿

○　訓練の実施に当たっては、安全衛生の確保に十分に配慮してください。

厚生労働省、都道府県労働局、ハローワーク資料あるので、詳しくは労働局で確認してください。

得意な分野で攻めよう

こう述べると、キャリアコンサルタントが行える講習は限られるように思われそうですが、誰にも得意な分野があるはずです。その分野に知恵を絞って講習として研修に盛り込むのです。

私は外国人従業員に対して、「日本企業組織基礎論」という講習を考えました。もし、どうしても自分の得意分野での講習が思いつかない場合は、自分のネットワークを活用して講師を頼みましょう。そのためにも、キャリアコンサルタントがネットワークの構築をしておくことは必要です。

また、研修以外でも訓練を受ける従業員はジョブ・カードを使用したキャリアコンサルティングが必要です。ここの仕事も狙い目となります。

労働局職員と信頼関係を築こう

カリキュラム作成だけでなく、助成金に関してわからないことがある場合も管轄の労働局に問い合わせましょう。その際、労働局の職員と信頼関係を築いておくと、のちのち責任ある対応をしてもらえます。

最初に労働局と接する際は、電話よりも直接訪問して職員と名刺交換をしておくことをおすすめします。名刺をもらえない場合は、相手の名前を確認しておきましょう。次に問い合わせる時は、電話でその人に聞くようにします。

助成金の申請に関しては、社会保険労務士と兼業しているキャリアコンサルタント以外はしないほうがいいでしょう。というのも、書類の不備などで受給されなくなれば責任を取らなければならないためです。事業主からの委任状があればキャリアコンサルタントでも申請手続きはできますが、引き受けないほうが賢明で、私としてもおすすめしません。

また、申請などの手続きには各都道府県の労働局独自の「ローカルルール」があるので、注意しましょう。

ライバル？　の事業がある

２０１９年に人材紹介会社のパソナが厚生労働省から雇用型訓練等を活用したジョブ・カード制度推進実施事業を受託しています。全国各地にはジョブ・カードセンターがあり、ここでも一定の条件を満たせば企業は無料で相談できることになっています。キャリアコンサルタントを利用するのも無料です。

そのため、この雇用型訓練を企業に提案していこうとするフリーのキャリアコンサルタントにとっては、仕事におけるライバルとなります。この事業は商工会議所からパソナに移管されたものです。

パソナがどのようなカリキュラムを作成しているのかは不明ですが、フリーのキャリアコンサルタントでもクライアントに深く入り込めば、キャリアコンサルティングも研修も受注できる可能性があるということです。この事業とはうまく関わったほうが得策のようです。

この事業は、現在はキャリア形成サポートセンターに引き継がれ、民間企業が受託しています。

活用できる様々な助成金

ご紹介した助成金以外にも、活用の仕方次第でキャリアコンサルタントに有効な助成金はあります。例えば、人材開発支援助成金の「教育訓練休暇付与コース」でのキャリアコンサルティング受講、人材確保等支援助成金の「雇用管理制度助成コース」でのメンター制度導入、時間外労働等改善助成金の「時間外労働上限設定コース」「勤務間インターバル導入コース」の活用などです。

助成金については紹介しきれないので詳細は割愛しますが、関心のある人は労働局やハローワークで「雇用・労働分野の助成金のご案内（詳細版）」が無料配布されているので、これで研究してみるといいでしょう。

また、助成金を活用する際は、信頼できる社会保険労務士とビジネスパートナーとして関係を築いておくことをおすすめします。助成金の申請の際に協力が得られるからです。

第4章

セルフ・キャリアドック（企業領域キャリアコンサルタント）の展開法

1 セルフ・キャリアドックは狙いどころ

セルフ・キャリアドックはこれからが本番

「キャリコンバブル」時代、就業規則などにセルフ・キャリアドック制度の導入を明記して、キャリアコンサルティングを実施することで企業には助成金が支給されました。

しかし残念なことに、このセルフ・キャリアドック制度の趣旨を本当に理解して導入した企業がどれだけあったかは疑問です。企業に対するキャリアコンサルタントの説明不足も否めません。そのため、面談を受けた従業員の中には、自分が退職勧告を受けるのではないかと怯えていた人もいたという、笑うに笑えない話もあります。

このような状況の中、助成金は一定の政策的役割だけを果たして終了しました。助成金がなくなったことで、キャリアコンサルタントの中には「もうセルフ・キャリアドックは終わった」と言う人もいます。

しかし、その認識は間違っています。セルフ・キャリアドックはこれからが本番なのです。

第1章で述べたように、日本の労働環境は激変しています。今後、このような状況の中で、企業で働く従業員が自律的、主体的に考えキャリア形成していく上で、よき相談相手としてのキャリアコンサルタント、制度としてのセルフ・キャリアドックのニーズが日本社会にあるからです。

厚生労働省自体もセルフ・キャリアドック導入支援事業、セルフ・キャリアドック普及拡大加速化事業を展開しています。ただ、前述したように、国は方策を示しますが、実際に普及、定着するか否かは、今後のキャリアコンサルタントの活動にかかっています。

セルフ・キャリアドックとは？

セルフ・キャリアドックとは何かを知るには、厚生労働省の「セルフ・キャリアドック導入支援事業（平成28年度・29年度）」にて、花田光世・慶應義塾大学名誉教授を座長とする導入支援事業推進委員会が２０１７年に発行した『「セルフ・キャリアドック」導入の方針と展開』によるセルフ・キャリアドックの定義が参考になります。それによる定義は、以下の通りです。

「セルフ・キャリアドックとは、企業がその人材育成ビジョン・方針に基づき、キャリアコンサルティング面談と多様なキャリア研修などを組み合わせて、体系的・定期的に従業員の支援を実施し、従業員の主体的なキャリア形成を促進・支援する総合的な取組み、また、そのための企業内の『仕組み』のことです」

要約すると、従業員に企業理念を浸透させ、主体的に仕事に取り組ませるようにキャリアコンサルティング、研修を体系的、定期的に行う企業内制度のことです。

労働環境の激変、将来への不透明な時代を迎えている現代に、個人の主体的キャリア形成と企業の経営理念に基づく個性重視の経営を同期化することで、生産性を向上させ、さらには社会貢献を生み出すことがセルフ・キャリアドックの目指すところとされているのです。

結局のところ、従業員と企業ともに元気で活き活きと活動して生産性の高い仕事をし、社会貢献していくための支援や助言をキャリアコンサルタントが行うということです。まさに、これからがセルフ・キャリアドックが必要とされる時代になるのです。

ちなみに、「セルフ・キャリアドック」の名称は、厚生労働省が商標権を取得しています。

企業内キャリアコンサルタントと企業外キャリアコンサルタント

企業領域キャリアコンサルタントは、大きく「企業内キャリアコンサルタント」と「企業外キャリアコンサルタント」に分けられます。

このうち企業内キャリアコンサルタントは企業の人事・総務部などに所属してキャリアコンサルティングを行うもの、企業外キャリアコンサルタントはダブルワークやフリーで企業と契約し第三者として中立的な立場でキャリアコンサルティングを行うものです。

セルフ・キャリアドックは、企業内、企業外どちらのキャリアコンサルタントも行います。本書では、ダブルワーク、フリーのキャリアコンサルタントがいかにして仕事を獲得するかに主眼を置いているので、企業外キャリアコンサルタントの説明が中心となります。

企業内キャリアコンサルタントとは

企業外キャリアコンサルタントの説明の前に企業内キャリアコンサルタントについて少し述べましょう。

企業内キャリアコンサルタントは、人事・総務部などにおいて社員として、キャリアコンサルティングに従事します。日本を代表する総合商社・伊藤忠商事では2001年にキャリアカウンセリング室を創設しました。いまでこそ社員が気軽に相談に行ける雰囲気だそうですが、当初は社員にその趣旨が伝わらずに苦労されたそうです。

キャリアカウンセリング室に行くと、会社を辞める相談をしに行くのではないかと思われたりしないかと周りの目を気にする社員もいたとのことです。しかし、徐々に社員にもその趣旨が浸透していき、仕事や家族、メンタルの悩みなどの相談にのってもらえ、社員にとってありがたい支援となっているそうです。

セルフ・キャリアドックは独立した組織に

セルフ・キャリアドックは、通常だと人事・総務部の業務になりますが、キャリアコンサルティング面談をする組織は独立する必要があります。なぜなら、人事部や上司が評価・考課などを行う「定期面談」「業績評価面談」と、キャリア理論等の専門知識を用い、相談者の心理的な自己洞察を促しながら、キャリア形成を認識、明確化させるキャリアコンサルティング面談とでは目的が違うからです。

また、相談者も評価・考課に関わる面談だと身構えてしまいますが、評価・考課とは関係ない面談ならば、気持ちも楽になるためです。

守秘義務の厳守

ここで、セルフ・キャリアドックを行う際、企業内キャリアコンサルタントと相談者との間には守秘義務があることに注意しなければなりません。相談者の同意がない限り、企業内キャリアコンサルタントは面談で聞いた個別の情報すべてを人事部や上司と共有することはできません。守秘義務は厳守しなければならないものだからです。守秘義務については、第6章でも触れていきます。

また、相談者自身が企業内外で多様なカウンセラーと問題解決のために相談するということも考慮しなければなりません。この相談者の傾向について、独立行政法人労働政策研究・研修機構の下村英雄主任研究員は、「多重カウンセラー問題」と名付けています。

下村氏は、この「多重カウンセラー問題」は「クライアントが多種多様なカウンセリングの専門家と多重に相談関係を結び、各相談場面で選択的に主訴を提起し、部分的な問題解決を企図する傾向であり、特にキャリアカウンセリングではよく見られる傾向です。企業内では相談者が企業内キャリアコンサルタント以外の他のキャリアコンサルタント、人事部、上司などの自分に適した支援者に相談することです」と説明しています。相談者が

第4章

複数の支援者に相談することで、それぞれの意見を参考とし、問題解決につなげることは現実にあり得るという考え方です。

「多重カウンセラー問題」の対策としては、守秘義務の範囲を広げて関係者間で共有するという、信頼できるシステムを確立する必要があるでしょう。大手企業なら比較的人的余裕があり、このようなキャリアコンサルティング相談室も設けやすく、実際導入している企業も徐々に増えてきました。

しかし、中小企業では大手企業のようにいかないのが実情です。そこから、次に述べる企業外キャリアコンサルタントに活躍の場が生まれるのです。

2 経営理念・社長の意向に沿った企業外キャリアコンサルティングで従業員とのベクトル合わせ

企業外キャリアコンサルタントとは

企業外キャリアコンサルタントは、ダブルワークやフリーの立場のキャリアコンサルタントが企業と契約して、第三者の立場でキャリアコンサルティングを行います。外部の人間なので社員とのしがらみもなく、より客観的かつ中立的立場でキャリアコンサルティングが行えるのが大きな強みとなっています。

相談者にとっても、企業内キャリアコンサルタントより話しやすいという利点があります。しがらみのない外部の人間の立場で話を聞くところが大きな違いなのです。

企業領域キャリアコンサルタントの機能とは

企業内と企業外のキャリアコンサルタントのすみ分けはありますが、企業領域キャリアコンサルタントの機能としては共通の部分もあります。ここでは共通の機能について述べましょう。

下村氏によると、企業領域キャリアコンサルタントには次の3つの機能があるとのことです。

①リテンション機能（人材維持、保持、引き留め）

キャリアコンサルタントが人材を社内に押しとどめる方向で支援をします。転出の相談に対しては、意思の確認を徹底し、引き留める方向で話を進めます。新卒入社、中途入社の受け入れ局面でも仕事理解、職場理解などを促す重要な役割を担います。

②関係調整・対話促進機能

職場内の関係調整（上司・同僚との対話関係）に介入支援を行います。職場内での価値観の共有を促進し、職場内の人間関係を円滑にすることにより、組織開発の担い手となります。

③意味付与・価値提供機能

労働環境が激変し、不確実性の時代とも言われる現代に企業内、組織内で働く意味や価値を従業員は見失いがちになる傾向があります。従業員ひとりひとりが主体的に仕事に取り組み、働く意味や価値を見出せるよう支援を行います。

※労働政策研究・研修機構「企業内キャリア・コンサルティングとその日本的特質」（２０１５）より引用し、一部著者が加筆しました。

自己決定権を尊重し結果的に企業に定着

この3機能について、キャリアコンサルティングの勉強をしたことのある人なら、リテンション機能の「人材を社内に押しとどめる」方向で支援するという部分に、「あれ？おかしい」と疑問をもつのではないでしょうか。

キャリアコンサルティングは、原則として相談者の「自己決定権」を尊重しなければならず、もし転職を希望する従業員がいても、いまの会社を辞めることを選択する「自己決定権」を無視して、キャリアコンサルタントが「人材を社内に押しとどめる」方向で支援するというのは、原則の「自己決定権」の尊重と矛盾します。

この点について、下村氏は「積極的に従業員を引きとめている訳ではなく、従業員の自己決定権を尊重した上で、結果的に企業への定着を促すことに結びつけている。これは日本の特殊事情による」と述べています。

「通常、従業員にキャリアコンサルティングする際、社内で活用できる制度や社内のキャリアパス、内部労働市場などの情報提供をします。この行為は、結果的に企業への定着の機能を果たします。また、日本の特殊事情とは、日本の転職事情の実態として、キャリアコンサルティングの部署を用意できる大企業から他社に転職した場合、賃金やその他の処遇が悪くなるのが一般的です。その事情を考えた時、キャリアコンサルタントは現在、所属している企業内部で活躍できる道を探すと思います」とも述べています。

つまり、企業領域キャリアコンサルタントとしては、積極的に引きとめているわけではなく、従業員の自己決定権を尊重した上で、結果的に企業への定着を促すことに結びついているのです。

人事部・経営層との情報共有

ここまでは、企業領域キャリアコンサルタントの機能について説明しましたが、企業外キャリアコンサルタントの役割はセルフ・キャリアドックでこれらの機能を企業に浸透させることとです。経営理念や社長の意向と従業員のベクトル合わせをしていかなければなりません。従業員と企業がともに元気で活き活きと活動して、生産性の高い仕事を生み出して、社会に貢献していくことにつなげることが最大のミッションなのです。

そのために、企業外キャリアコンサルタントは、キャリアコンサルティングや研修を行う前に、企業の経営目的や経営戦略、人材育成ビジョン・方針や人材育成計画、人材育成に関する現状の課題などを理解しておく必要があります。企業と信頼関係を築き、人事部・経営層と情報共有する機会を設けられる関係構築に努める必要があるのです。

企業へのフィードバック

キャリアコンサルティング終了後は人事部・経営層に対して、できる限りフィードバックを行うことも必要となります。

職場内での人間関係や組織上の問題から生じている相談者の問題に加えて、面談対象者全体のキャリア意識の傾向や組織的な課題、その課題に対する解決策（提案）を盛り込んだ報告書を提出しましょう。

提出する際に気をつけなければならないのは、相談者に面談前に報告書の提出について同意してもらうことです。相談者が特定されないようにすることも留意しなければなりません。

ただし、私も経験があるのですが、相談者が1人の時は必然的に特定されてしまいます。その場合、面談の際に相談者に「会社に知ってほしいこと、知られたくないこと」を慎重に確認してもらう必要があります。

なお、相談者の生命や安全の危機に関するような場合は、必ずしも本人の同意を前提とせずに企業に伝えることもあります。法律違反やハラスメントなど、企業側が組織的に対応すべき内容なら、（原則として本人の同意を得た上で）企業側に伝えます。

この企業へのフィードバック活動は、別の言葉で「アドボカシー」と言っています。第6章の「社会正義のキャリアコンサルティングを目指して」でも触れますが、キャリアコンサルタントの大きな役割として、問題を抱えている相談者がいることを組織・社会に知らせ、代弁して何らかの示唆・提言を行う活動があります。この活動を「アドボカシー」と呼ぶのです。

つまりは、問題意識をもって、組織・社会に向けて情報発信することがいまではキャリアコンサルタントの大きな役割になっているのです。

3 寄り添い型の企業外キャリアコンサルティングには徹しない

キャリア支援領域は資本主義社会の中で

キャリア支援の領域の立ち位置について、下村氏は次のように述べています。

「キャリア支援の領域はもともと資本主義社会であり市場主義的であることは否定していません。その点、左派の人たちからは批判されがちな領域でもあります。あくまで、企業社会、競争社会、資本主義社会を前提とした上で、どうすれば適正にビジネスを伸ばしていけるのかを考えた時、変に従業員を縛りあげるのではなく、従業員のキャリア意識を高め、それに応えるようなキャリア支援を提供してモチベーションや生産性を上げようということを言っているのだと思います」。

下村氏が言うように、日本の企業領域キャリアコンサルタントは、資本主義社会の中での活動です。当然、株式会社などの企業の場合、利益追求をする上で従業員に生産性の高い仕事の進め方を求めます。

「寄り添い型」だけではなく、ときには「指示型」も

企業外キャリアコンサルタントの中には、この市場主義的要因の利益追求を企業がしていることを忘れがちな人がいるような気がします。キャリアコンサルティングを行う際に、寄り添うことに重点が置かれ過ぎていると感じられるのです。

キャリアコンサルタントの基本は、「ロジャーズの来談者中心的カウンセリング」でも述べられているように、相談者を温かく受容し誠実に接し、心から尊重して相談者の気持ちや感情をあたかも自分自身のことのように共感することです。

この基本は否定しません。ただ、企業外キャリアコンサルタントは、いわゆる、「寄り添い型」のキャリアコンサルティングに終始してはなりません。企業外キャリアコンサルタントには、経営理念、社長の意向に沿った方向性で従業員の個性を活かし、個々の活動のベクトルを合わせたキャリアコンサルティングを行うことが求められます。

時には社長の意向に沿うことができないと反論する従業員もいます。その際は、なぜ社長の意向に沿うことができないか、理由を明確化して、場合によっては、指示的なキャリアカウンセリングで従業員に新たな気づきを促す必要があります。

あくまで、株式会社などがクライアントの場合、企業外キャリアコンサルタントの原点

は資本主義社会における利益追求を目的とする生産性の向上を主眼に置いたキャリアコンサルティングであるべきなのです。

もちろん、いわゆるブラック企業でもない限り、経営者は従業員を競争社会の中で使い潰したいとは思っていません。だから、下村氏が言うように、企業外キャリアコンサルタントは、適正にビジネスを伸ばしていくために、従業員のキャリア意識を高め、企業や社会に貢献していけるようキャリアコンサルティングを行い、従業員のモチベーションや生産性を高める支援が必要です。

4 士業（社労士、中小企業診断士、行政書士、税理士など）に売り込んで顧客をゲット

助成金申請は社会保険労務士に

第3章では、企業にキャリアコンサルティングを提案する際、助成金を活用することを述べました。

助成金の労働局への申請は、基本的に社会保険労務士の独占業務です。それ以外は企業の社長、総務部等の従業員、委任状をもらったキャリアコンサルタントは申請が可能です。キャリアコンサルタントの中には、社会保険労務士資格を取得していない人が企業から委任状をもらって助成金の申請を行っているケースがあるようですが、これは違法行為ではないものの、私はあまりおすすめしません。

なぜなら、企業から書類作成、申請の手数料はもらえますが、書類作成に手間がかかるうえ、助成金を受給できなかった時のリスクが大きいからです。書類の不備などで受給できなかった時は、クライアントに顔向けできません。

社会保険労務士は、雇用保険の手続きや給与計算などの業務で、企業に密接に入り込んでいる場合が多くあります。企業との信頼関係も深いので、「餅は餅屋」ということで、専門家に頼んだほうが安心というわけです。私もセルフ・キャリアドック制度助成金を企業に提案する際、10人以上の社会保険労務士とパートナーになりました。やり手の社会保険労務士だと、クライアント全部に提案してくれました。

親和性の高い士業との信頼関係の構築

社会保険労務士との間の信頼関係構築はもちろん、いわゆるキャリアコンサルタントと親和性の高い士業である中小企業診断士や行政書士、税理士などとネットワークを構築しておくこともおすすめします。

士業のクライアントに人材・キャリア関連の相談ごとがあった時、すぐにキャリアコンサルタントの自分の顔を思い出してもらえればネットワーク構築の効果があったと言えます。私も社会保険労務士以外の士業から、依頼を受けたことがあります。

そうなるためにも、日頃からSNSやブログなどでキャリアコンサルタントとしての活動状況を発信しておくことが必要になるのです。

久しく会っていなかった友人から、いきなり「保険会社に転職したので保険を検討してほしい」といった相談をもちかけられたことはありませんか。ノルマのために必死に営業活動している友人を応援してあげたい気持ちはあっても、もう何年も音沙汰がなく、何をしていたのかわからない友人にいきなり保険に入ってくれと言われても困惑するのではないでしょうか。

そんなふうに思われないためにも、日頃からキャリアコンサルタントの活動をしていることを周知、広報していく必要があるのです。

5 人材開発支援助成金を活用しよう

一般訓練コースがおすすめ

第3章で人材開発支援助成金の有期実習型訓練がおすすめと述べましたが、セルフ・キャリアドック制度の助成金がなくなってしまったいま、企業にキャリアコンサルティングを提案するには、人材開発支援助成金を活用することができます。

人材開発支援助成金の対象となる訓練コースは、「特定訓練コース」「一般訓練コース」「特別育成訓練コース」など7種類。ここでは企業に提案しやすい人材開発支援助成金の対象となる訓練のうち、「一般訓練コース」について説明します。

一般訓練コースは、Ｏｆｆ－ＪＴにより実施される訓練（事業主または事業主団体自ら企画・実施する訓練、または教育訓練機関が実施する訓練）が対象になります。実訓練時間が20時間以上あり、セルフ・キャリアドック制度（定期的なキャリアコンサルティング）の対象期間を就業規則などに明記しておくことが必要です。また、ジョブ・カードの活用も推奨しています。

ただし、キャリアコンサルティング実施者が必ずしも国家資格を有している必要はなく、キャリアコンサルティングにかかる経費は事業主が全額負担する必要があります。

それに、他訓練のように訓練前にキャリアコンサルティングを受けることが必須ではありません。2019年からは大企業も対象になっています。

厚生労働省は、現在、セルフ・キャリアドック制度導入促進に力を入れているので、この一般訓練コースにもキャリアコンサルティング、セルフ・キャリアドックを必須にすればよいと思うのですが、なぜか必須になっていません。キャリアコンサルティングやセルフ・キャリアドックによるハードルをなくし、訓練を受けやすくするための施策なのでしょうか。

教育訓練の助成金を受けられる

従業員の教育訓練に意欲がある企業には、一般訓練コースがおすすめです。教育訓練の費用を助成金で補うことができるからです。

第4章

必ずしもキャリアコンサルタントでなくてもかまいませんが、企業外キャリアコンサルタントであれば、セルフ・キャリアドック制度の導入とキャリアコンサルティング、訓練（研修講師）をあわせて行うようにするといいでしょう。

なお、キャリアコンサルタントを名乗れるのは国家資格の保有者だけですが、厚生労働省の「人材開発支援助成金のご案内」のリーフレットには「キャリアコンサルティングを実施する者は国家資格を有しているキャリアコンサルタントに限りません」と記されています。

この案内の意味が理解できなかったので、その旨労働局に問い合わせると、表現の不備を認めた上で、キャリアコンサルタント資格を有していなくても人事部などの社員でも講師になれるという意味だとの説明でした。

助成金で利益を得ようと思っている経営者には、制度の利用をおすすめしません。あくまで、従業員の教育の一環としてＯｆｆ－ＪＴを実施したいと希望し、訓練費用の一部を助成金で支援してもらうという考えの経営者に提案してください。所定の計算式を用いて計算された生産性の伸び率が生産性要件を満たしていれば、助成額が割増になります。申請手続きや内容は近所の労働局に照会してください。

企業における生産性向上の取り組みを支援するため、生産性を向上させた企業が労働関係助成金を利用する場合、その助成額または助成率を割り増します。詳細は労働関係助成金リーフレットをご参照ください。または労働局におたずねください。

6 メンター制度助成金を活用しよう

人材確保等支援助成金の活用

企業外キャリアコンサルタントが企業に提案するのに有効な助成金、人材確保等支援助成金があります。

この助成金は、魅力ある職場づくりのために労働環境の向上を図る事業主や事業協同組合などを助成するもので、魅力ある雇用創出を図って人材を確保したり定着させたりすることを目的としています。

この助成金には「雇用管理制度助成コース」「人事評価改善等助成コース」「働き方改革

支援コース」など10種類のコースがあります。中でも、企業外キャリアコンサルタントに有効な助成金と考えられる「雇用管理制度助成コース」の中にあるメンター制度が活用できます。

「雇用管理制度助成コース」を受けるには、雇用管理制度整備計画を作成して労働局から認定される必要があります。その計画にもとづいて、計画期間内に新たに雇用管理制度を導入し、対象事業所における通常の労働者全員（いわゆる正社員もしくは同等の処遇を受けている社員）に1つ以上の雇用管理制度を実施、定められた離職率の低下目標を達成した場合に助成金が受給できます。

雇用管理制度には、評価・処遇制度、研修制度、健康づくり制度、メンター制度、短時間正社員制度（保育事業主のみ）の5種類の制度があります。このうち、メンター制度が企業外キャリアコンサルタントに有効だと考えます。

メンターは企業外キャリアコンサルタントでもできる

メンターとは、企業内の新入社員や若手社員（メンティー）に対して、直属の上司とは別の人が、コミュニケーション能力向上、クレーム対応、接遇・マナーなどのメンタル面中心の指導・相談を担う制度のことです。

若手社員にとっては、上司に言いにくいことについて相談に乗ってくれるので、仕事上の悩みや不安の解消につながるという利点があります。ある意味、企業外キャリアコンサルタントに近い立場とも言えます。

メンターは民間団体が実施するメンター研修、メンター養成講座等のメンタリングに関する知識、スキル（コーチング、カウンセリング等）の習得を目的とした講習を受講することが必要です。

必ずしも必須とはなっていませんが、雇用管理制度のひとつである研修制度の一環として行うことはできません。メンターとして認定されるか否かは、労働局に提出するプロフィールによって判断されます。

もちろん、企業の社員がメンターになることも、企業外キャリアコンサルタントがなることもできます。

現在は、健康づくり制度が比較的導入しやすいこともあり、以前に比べてメンター制度の導入は少なくなってきているのですが、メンタル系を得意分野としている企業外キャリアコンサルタントにはおすすめです。

第4章

以上、紹介した助成金以外にも、企業外キャリアコンサルタントが活用できる助成金はあります。助成金には併給できないケースもあるので、申請・手続きの詳細は、必ず近くの労働局におたずねください。

派遣会社もキャリアコンサルタントが必要

助成金の活用以外の営業展開方法もあります。2015年9月の労働者派遣法改正に伴い、派遣労働者に対するキャリアアップ支援が初めて義務づけられました。

派遣元の派遣会社に対しては、段階的かつ体系的な教育訓練と、希望者に対するキャリアコンサルティングを実施する義務が課せられています。

一般的には、派遣会社は企業内キャリアコンサルタントを使うと思いますが、企業外キャリアコンサルタントを利用する企業もあります。私も派遣会社にキャリアコンサルティングを依頼されたことがあるので、派遣会社へのアピールも営業活動になり得るでしょう。

働き方改革推進支援センター、ミラサポの活用

その他、企業領域のキャリアコンサルティングを営業展開していくには、公の機関が行う事業に登録することをおすすめします。

２０１９年から始まった厚生労働省・労働局の委託事業である「中小企業・小規模事業者等に対する働き方改革推進支援事業」がそのひとつです。

この事業を所管する働き方改革推進支援センターは、民間企業が受託して47都道府県に開設しています。社会保険労務士などの専門家が無料で事業主からの労務管理上の悩みを聞いて、就業規則の作成方法、賃金規定の見直しや労働関係助成金の活用などを含めたアドバイスを行っています。

２０１９年はキャリアコンサルタントも登録可能でした。前述した人材開発支援助成金の相談業務、キャリアコンサルティングなど活躍する場があります。また、中小企業庁が運営している「ミラサポＰｌｕｓ」には、専門家派遣という制度があり、キャリアコンサルタントも登録できます。詳細は、ホームページなどで調べてください。

第5章

現場で活躍するキャリアコンサルタント

1 東海ライフキャリア

代表　藤田廣志さん

キャリアコンサルティングの実務家・第一人者

この章では、キャリアコンサルタントとして活躍している4人の事例を紹介します。「人を集める人ではなく、人が集まる人」、まさにこの言葉が当てはまるキャリアコンサルタントが、キャリアコンサルティングの「実務家」として70代の現在も活躍されている藤田廣志さんです。

藤田さんは、1990年代末期、バブル崩壊後に「リストラ」という言葉が社会に一般化し始めた頃、民間資格のキャリアコンサルタントの黎明期から今日の国家資格に至るまで、第一線で活躍しています。

初回の1級キャリアコンサルティング技能検定に合格した4人のうちのひとりでもあり、指導者として日本のキャリアコンサルタント界の第一人者と言っても過言ではないでしょう。

２０００年代初頭、都市銀行から人材研修会社に出向し、キャリアコンサルタントとしての道に本格的に進出しました。リストラによる人材のアウトプレースメント（再就職支援）、キャリア形成の研修講師などを務め、キャリアコンサルタント養成講座のテキストも執筆しています。

これまでに日本産業カウンセラー協会中部支部副支部長、愛知教育大学・大学院特別講師、キャリアコンサルティング技能士会副代表などを務めた経歴があり、現在はＮＰＯ法人ブルーバード（働き方改革・男女共同参画推進）の専務理事も務めています。

社会問題に対峙するキャリアコンサルタントの育成

2011年、名古屋に「MCC東海」というキャリアコンサルティングの勉強会を立ち上げました。すでに120回を超える研修を実施し、会員数は150名（入会選考があり、入会後も不参加が続くと退会になる厳しさです）を擁しています。

東京にも約100名の「ロビンズ倶楽部TOKYO」という勉強会、さらに北海道から九州まで全国にキャリアコンサルタントのネットワークを広げています（〝ロビン〟とは、藤田さんのニックネームです）。

研修内容が実務的に高品質なのはもちろん、特筆すべきは年会費がわずか1000円で、参加費も会場費・資料代などを参加者で頭割りするだけで毎回500～1000円という良心的な金額です。

会員の協力があるのはもちろん、藤田さんはキャリアコンサルタントを対象とした〝高額な資格ビジネス〟とは一線を画して、社会問題に対峙し、問題解決ができ、社会に寄与する真のキャリアコンサルタントを育成しようという信念のもとに勉強会を運営しています。

MCC東海では、2015年にサンフランシスコにおいて、キャリアコンサルティングを勉強した人なら誰もが知っている「キャリア・アンカー」の提唱者でマサチューセッツ工科大学名誉教授・組織心理学の祖、エドガー・シャイン氏とセミナーを共催しています。これは、シャイン氏が日本のキャリアコンサルタントの実務家と話がしたいと藤田さんにオファーがあったことから始まりました。

また、２０２０年2月には、欧州キャリア界の大御所・ＩＮＥＴＯＰ（フランス国立労働職業指導研究所）のＪ・ギシャール名誉教授、フランスキャリアカウンセラー協会アミシ会長とパリでキャリア教育の研修会を開催するなど、海外にまでその名を広げています。

営業活動をしなくても、顧客は集まる

私は、キャリアコンサルタント資格を取得した際、すぐに藤田さんに「どういう営業活動をすれば、仕事を得られるのか？」と質問をしたことがあります。これに対して藤田さんは、「私は営業活動をしたことがない。あえて言うなら、仕事は口コミで広がった」とのことでした。

確かに、藤田さんはホームページも立ち上げていませんし、ＳＮＳも積極的に活用していません。この本の趣旨とはいささか異なる内容ですが、藤田さんレベルになると、あえ

て営業活動をしなくても顧客がついてきます。強いて営業活動と言えるのはＭＣＣ東海をはじめとする営利目的ではない勉強会を主催していることとなるのではないでしょうか。冒頭の「人を集める人ではなく、人が集まる人」という言葉が示すように、口コミにより人から人へ、日本から世界へと藤田さんの評判が広がり、自然に営業活動につながっているように思います。

さらに藤田さんは、「キャリアコンサルティングが業として成り立つには、社会問題に正面から対峙して、その問題解決に寄与し成果を上げることが先であり、その結果として、社会から認められるようになれば、収入は自ずとついてくる」とも述べています。

「Take and Give」の精神

藤田さんは、「Take and Give」という言葉をよく使います。「Give and Take」ではありません。

日本語に意訳すると「報徳の精神」でしょうか。現在の自分はすでに周囲から有形・無形のさまざまなものを与えられた（Take）存在であり、それに気づけば、次は与える（Give）行為がくるのも当然と言えましょう。私はまだその域に達していませんが、いつもその言葉の意味を考えながら行動しています。

最近「Win－Winの関係」を築くことが重要と言われます。確かにそのような関係構築はベストだと思います。しかし私の経験上「Win－Winの関係を築きましょう」という人に限って、自分の利益しか考えていない印象があります。

藤田さんは「二者間の利益調整では、他の利害関係者・影響を受ける周囲の人・社会は置き去りにされる」と言います。その意味で「Take and Give」には重みがあり、キャリアコンサルタントとして活動する上でキーワードになると思います。

「Weak Ties」の構築

また藤田さんは、キャリアコンサルタントがネットワークを構築する上で、「Weak Ties」（弱い結びつき）が重要になるとも述べています。これはアメリカの社会学者マーク・グラノヴェッターが提唱した概念を示す言葉です。

家族や親戚・友人・会社の上司・同僚など、強い絆で結ばれた人間関係の中でばかり仕事や生活をしていると、限定されて偏った情報や考え方の中で暮らすこととなり、新しい世界や情報・考え方に接するチャンスを失いがちです。

第5章

〝強い絆〟ではなくても、〝緩やかな人間関係〟で他業界・異分野のさまざまな人たちとつながることで、新しい情報や考え方が得られます。それが直面する問題の解決やイノベーションに資することになり、「弱い結びつき」の関係を大切にすることが重要になるという意味です。

企業領域キャリアコンサルタントは、経営理念を従業員に浸透させベクトルを合わせることが重要であると第4章で述べましたが、皆が同じ方向を向いていると、いざ困難な壁にぶつかったときに、同じ発想の解決策しか思い浮かばない危険性があります。もちろん従業員のベクトルを合わせることは企業領域キャリアコンサルタントにとって重要ですが、このような「Weak Ties」を構築する「余白」も残しておいたほうがよいと考えます。

「Weak Ties」を構築すること、それほど親しくはないもののいざという時に協力してくれる人との関係を築くことは、キャリアコンサルタントにとって大切なことです。

藤田さんは「コーディネーターとしての力はキャリアコンサルタントの必須能力」とも述べています。このことは、第6章の「リファーができるネットワーク構築」も意味しています。単にSNSで「いいね！」を押し合っている仲ではなく、また、異業種交流会で名刺交換しただけの仲でもありません。

ある意味、友だち関係やビジネス関係を構築するよりむずかしいかもしれません。藤田さんは、日本各地で年一回集まる会を積極的に開催しています。このような地道で確実な活動が藤田さんの強みであり、現在のポジションを維持していると私は分析しています。

「環境への介入支援」の必要性

藤田さんは、キャリアコンサルタントは相談者にとっての「最後の砦」だと言います。「人生の選択に迷ったとき、転職すべきか否かさまざまな事情で就労困難な状況に陥ったとき、もっとも重要な支援は相談者を就労につないで結果を出して生計を立てていけるようにすることです。この最後を担うのがキャリアコンサルタントの大切な役割です」と述べています。

次章でも取り上げますが、キャリアコンサルタントの世界的潮流は「社会正義」へ向かっています。藤田さんは、まさにこの考えを原点として社会問題に向き合っています。

藤田さんは、今後、キャリアコンサルタントは企業・教育・行政など、組織の環境へ働きかける介入・支援の役割が重要になると強調しています。第4章で述べた「アドボカシー」の必要性がまさにこれで、「環境に働きかける介入・支援とは、キャリアコンサル

第5章

タント自身が、『企業の人事部や上司、さらには社会に働きかける』ことのみを指すのではなく、『クライアントが環境に働きかける力を身につけること』を支援することも大切な要素」と述べています。

今後も、現場主義の「実務家」として、そして、スーパーバイザーとして後進の指導はもとより第一線で生涯現役でキャリアコンサルティング活動をしてもらいたい人です。

2 一般社団法人　草の根ささえあいプロジェクト

代表理事　渡辺ゆりかさん

社会的孤立や貧困に苦しんでいる人たちの役に立ちたい

「誰もがありのままを認められる暮らしの中で、ひとりひとりの小さな一歩を大切にしあえるやさしい社会にしたい」という理念のもと、2011年に一般社団法人草の根ささえあいプロジェクトは設立されました。

その代表理事である渡辺ゆりかさんは、大学卒業後の約10年間、広告代理店でデザイナーをしていました。しかし、以前より抱いていた「社会的孤立や貧困に苦しんでいる人たちの役に立ちたい」という気持ちが徐々に強くなり、自分にはまず相談業務の勉強が必要だという思いを抱きました。そして、当時民間資格だったキャリアコンサルタント資格を取得。その後、大学のキャリア相談、生活保護受給者や障害者への就労支援などを経験した後、一般社団法人草の根ささえあいプロジェクトを立ち上げました。

カウンセラー業務の限界

相談業務を約4年経験した後、カウンセラー業務だけでは社会的孤立、貧困の問題解決には限界があると実感し、渡辺さんは一般社団法人を設立しました。

渡辺さんが力を入れているのは、制度や支援の手が届かずに社会的孤立や貧困に苦しんでいる人たちに諦めの気持ちではなく、安心して居られる場所・活躍できる場所を提供することです。カウンセリングする際も、相談者ひとりひとりに向き合い、個人特性、環境要因をベースとした正確で丁寧なアセスメント、本人の元に出向いていくアウトリーチ（訪問支援）を行っています。

カウンセリングというよりケースワークであり、さまざまな生活支援における実支援や就労支援も行います。最終的に目指すのは、困難な課題、問題をもった相談者が主体的に生活できるよう、地域社会との関係性を築くための援助をしていく「本人を中心としたソーシャルワーク」です。

名古屋市受託事業・6事業を展開

その地道で献身的な活動は、内閣府の掲げる「子ども・若者育成支援推進法」に基づく名古屋市受託事業の「名古屋市　子ども・若者総合相談センター」を２０１３年から現在まで受託し、２０１８年には居宅介護支援事業、家庭訪問型相談支援事業、ワークショップ、社会的孤立と貧困に関する調査事業、講演活動など６事業を運営するまでになりました。

２０１９年からは、名古屋市の独自事業である「名古屋市若者・企業リンクサポート」を受託し、働くことがうまくいかず悩んでいる名古屋市内在住の15～39歳までの人を対象に、その人の持ち味や得意分野を活かして、その人らしく働ける企業を一緒に探す支援も行っています。

この事業では、名古屋市の金山駅近くに条件を満たせば誰でも利用できる交流スペースを作っています。月～土曜日の10～17時までいつでも利用できる場所で、若者がホッとして自分自身の時間を過ごす中で、日々のちょっとした悩みをスタッフに相談できるように働きかけることで「相談」や「カウンセリング」のハードルを下げるための機能ももたせています。また14～21時まではLINEでの相談も受け付けています。

ハンモックスペース、Wi‐Fi、電源、飲み物も完備しており、無料で利用できます。

アドボカシーを実践

渡辺さんは、「私たちは、訓練型のキャリア形成支援とは違うアプローチをとっています」と言います。「本人を変えない、環境を合わせる」をテーマに、ひとりひとりの個人特性、環境要因を分析し、その人の得意・不得意を見極め、その人が「いまのまま」で働ける環境を、その人ごとに・その企業ごとに作っています。

引きこもり、ニート、不登校、社会的孤立、暴力、犯罪、非行、制度のはざまにいる人などすべての人が「自分の得意」を活かして働けるようになること、そしてゆくゆくは、企業や地域で「なくてはならない人」と呼ばれるようになるまで応援していきます。

渡辺さんはまさに、社会正義のキャリアコンサルタントの使命や責任による活動、アドボカシーを実践しているのです。

全国各地から講演・現場視察依頼が殺到

渡辺さんが行う地域に密着した環境支援は、全国の関係者にも知れ渡っていて、北は北海道、南は沖縄から講演依頼があり、現場視察の申し込みも絶えません。渡辺さんにはできるだけ自分の体験を同じ志をもつ人たちに伝えたいという気持ちがありますが、日々の繁忙な業務でなかなか対応できないことを申し訳なく思っているそうです。

また、内閣府や厚生労働省からも研修講師の依頼があり、年に数回、東京で自立相談支援事業従事者養成研修、アウトリーチ（訪問支援）研修などの講師もしています。

現在、事業の運営は20代～70代まで各世代50人ほどのスタッフで行っていて、最初は理念に共感してくれる人をひとりひとり口コミで集めていましたが、いまでは草の根ささえあいプロジェクトで働きたいという希望者も多く、民間の求人サイトからは５００人以上の応募者があったそうです。

その中にはキャリアコンサルタントも大勢いて、地道ながら社会に大きな貢献ができる社会正義のキャリアコンサルタント活動に共感して、自分も活動してみたいという人が多くいることを証明しています。

現場と理念

「講演活動だけで生計が立てられますね」と、少し下世話な話をしたところ、渡辺さんは、「私に講演依頼があるのは現場があるからです。現場がない中で語っても、多くの人に響くことはなかったと思います。だから、現場をこれからも続けていくつもりであり、講演で生計を立てる気持ちはありません」と、跳ね返されました。

「社会的に孤立したり貧困に苦しんでいる人たちへの支援をこれからも追求していきたいと思っています。短期目標などの数値的な目標設定はなく、あるのは理念だけです」と、渡辺さん。

「誰もがありのままを認められる暮らしの中で、ひとりひとりの小さな一歩を大切にしあえるやさしい社会にしたい」という理念こそが、1人のキャリアコンサルタントが8年間でここまで行政、企業、学校、地域社会からの信頼を得られた原点なのです。

今後もこの理念のもと、社会的孤立や貧困に苦しんでいる人たちへの支援により、行政、企業、学校、地域社会に対してアドボカシー活動を行い、社会正義のキャリアコンサルタントの使命と責務を実践していただきたいと思います。

3

社労士事務所オフィスたにぐち

谷口陽子さん

あらゆる人たちの多様性を認められる組織、社会作りの手伝いをしたい

現代は、夫婦共稼ぎの世帯が約7割を占めています。2015年には「女性の職業生活における活躍の推進に関する法律（女性活躍推進法）」が公布され、2019年6月には同法の改正法が公布されました。このような時代背景の中、女性の管理職の登用を含め「すべての女性が輝く社会づくり」が期待されています。

そんな女性たちを力強くサポートするのが、社会保険労務士の谷口陽子さんです。

「自分の働き方に悩む女性たちがよりよい社会進出ができるよう支援したい」と話す谷口さん。

「女性活躍推進アドバイザー」として、企業の実態を分析し、問題を洗い出すことによって、女性のキャリアアップ、継続就業、管理職割合の増加をいかに推進していくかを提案し、企業側からも働く女性たちのサポートを行っています。

谷口さんは、女性だけでなくあらゆる人たちの多様性を認められる組織、社会作りの手伝いをしたいと考えるようになり、キャリアコンサルタントの資格も取得しました。

現在は、社会保険労務士として企業の労務管理に携わる一方、キャリアコンサルタントとして、個人の就労・キャリア形成に関してさまざまな相談を受けています。その際、傾聴、問題解決、モチベーションをアップさせる技法などが大きなプラスになっていると実感しているそうです。

多方面で活躍中

独立を決心した際、信頼する先輩から「声をかけていただいた仕事はすべて受けなさい」と教えられたことを忠実に守り、「与えられた仕事にベストを尽くす」という姿勢で取り組んだ結果、現在の仕事につながっていると谷口さんは分析します。

社労士事務所を開業する傍ら、ハローワークや企業などでキャリアコンサルティングを行い、厚生労働省の女性活躍推進事業では、女性活躍推進アドバイザー、名古屋市の学習支援事業では、ひとり親家庭の支援をする巡回相談支援員、さらには高校生や大学生のキャリア支援相談などの業務にも携っています。

ただし、仕事を1人で抱えないように同業の仲間と連携を図り、お互いの得意分野を活かしながら助け合っているとのことです。キャリアコンサルティング業務の延長として、将来的には企業の組織開発も専門分野にできたら、と考えています。

現在に至る道、これからの道

社会保険労務士を目指して資格を取得したのが33歳の時。資格取得後は、企業の総務で経験を積み、本格的に独立して仕事を始めるまでに10年かかったとのことです。しかし、労働局の雇用環境・均等部で相談員として採用されたことをきっかけに、5年前の２０１５年、一念発起して「社労士事務所オフィス

第5章

たにぐち」を開業し、現在に至っています。

働くすべての人たちが成長したい、よりよい環境で働きたいと前を向いて進む手伝いをすることに喜びを感じ、そのために自分に何ができるかを考えてキャリアコンサルティングだけでなく、組織心理学やコーチングの知識を深めるために日々勉強中です。

実際に相談を受けて「あらゆる人たちの悩み」に対応するにはさまざまな知識や経験が必要なのだと実感しました。「すべて違うひとりひとりと向き合うには、自分自身も試行錯誤の繰り返しです。どこまでいっても勉強と反省と奮起と周りの人たちへの感謝の道だと思います」と谷口さんは謙虚に語ります。

誰もが輝ける社会の実現に向けて

〝多様性を認められる社会の実現〟という谷口さんの目標とするテーマは、まさに日本社会が抱える課題です。キャリアコンサルタントの役割を、谷口さんは第一線において身をもって取り組んでいます。このテーマを一朝一夕に解決することはむずかしいかもしれません。しかし、谷口さんのようなキャリアコンサルタントとしての日々の仕事の積み重ねと継続こそが、企業、さらには社会の問題解決に向かっていくのではないでしょうか。

こうしたテーマに取り組んでいく際に、相談者に自律的、主体的に仕事をすることの喜びをいかにして気づかせ、企業、社会に参加していけるようにモチベーションをアップさせていくことができるか、そして企業はどのようにしてひとりひとりが活躍できる組織を作っていくことができるか、企業・社員ともに「ありたい姿」に近づけていくことができるかが、今後、キャリアコンサルタント・社会保険労務士のダブルライセンスで活動する谷口さんの腕の見せどころだと思います。

4 株式会社日本マンパワー

人材開発営業本部　支社統括部長　鈴木　光さん

「転職を後悔したことは一度もありません。ただ、新卒で入社した会社には営業パーソンとして大事なことをすべて教えていただいたので感謝しかありません。これからも人と人をつなぐ仕事、キャリアに関する総合的なお手伝いをしていきたいと考えています」と語る鈴木光さん。

支社統括部長として

鈴木さんは、株式会社日本マンパワー人材開発営業本部で関東を除く全国6支社をまとめる支社統括部長に従事しています。

日本マンパワーは、第1章で述べたように、日本で一番の実施数を誇るキャリアコンサルタント養成講習（CDA資格）を運営している企業です。そのほかにも、自律的な人材を育成するキャリア開発研修、課題別研修、階層別研修等の企業向け教育・研修の実施、中小企業診断士や社会保険労務士などの資格取得のための通信教育、人事制度の設計、能力開発制度・キャリアパスの設計といった人事コンサルティング、地方公共団体や学校等が実施するさまざまなキャリア支援・就業支援業務を受託している人材開発会社です。

人事に関わる仕事に就きたい

鈴木さんは大学卒業後、大手複写機メーカーに入社して四国の高松市に配属された後に約6年間、法人営業の第一線で活躍。30歳を迎える頃に今後の自分の仕事人生を見直す中で、人事に関わる仕事に携わっていきたいという気持ちを強く抱き、日本マンパワーに転職しました。

もともと大学の経営学部では国際経営ゼミに所属しており、在日外資系企業の人事管理をテーマとした研究を行うなど、人事関連には学生時代から興味がありました。日本マンパワーに入社して数年が経過した後に、日本で新たに誕生した、当時民間資格であったキャリアコンサルタント資格（CDA資格）を取得しました。そして、シニア就業支援、ジョブカフェ等、行政事業支援事業の現場責任者の実績を積んできました。ジョブカフェでは自らキャリアコンサルタントとして就業支援にあたりました。

現在は企業内教育事業の営業部門の支社統括部長という立場上、相談者と直接キャリアコンサルティングを実施する機会はほとんどありませんが、キャリアコンサルティングで学んだ技法は部下との面談等のコミュニケーションにも役立っているとのことです。また、顧客の課題解決を行う商談の場面にも活用できているとも言っています。

行動力とネットワーク

鈴木さんと私は学生時代には面識はないものの、同じ明治大学出身というつながりがあり、社会人になって大学のOB・OG会で知り合いになりました。お互いキャリアコンサルタント同士ということで話も弾み、飲み会を開いたり仕事のアドバイスをしてもらったりする仲になりました。

鈴木さんのすばらしいところは、行動力とネットワークの広さです。大学の愛知県校友会の幹事、名古屋での東京六大学のOB・OG会（六旗会）の役員も務め、仕事で全国出張が頻繁にあるにもかかわらず、こうした大学の会合にもほとんど出席して会をまとめる役回りをしています。

2018年開催の六旗会では、1年後に開催が迫ったラグビーワールドカップの盛り上げにつなげたいとの思いで、今でも伝説の大学ラグビー決戦と語り継がれる1987年の

「雪の早明戦」に出場した大西一平氏（明治大学OB：当時キャプテン）、清宮克幸氏（早稲田大学OB：現日本ラグビーフットボール協会副会長）をゲストに呼び、その当時の試合を振り返る企画を実施したこともあります。

打算的な考えは禁物

鈴木さんは言います。「人と人とのつながりは打算的な考えでは生まれない」。

ともすれば、こうした大学のOB・OG会に参加する動機は、自分の仕事をPRするためにクライアント探しの営業目的のみで参加してみようかという気持ちになりがちです。

そもそも私自身、最初に大学のOB・OG会に参加した動機は、キャリアコンサルタントの資格を取得した当時、大学の人脈で仕事ができないものかという、鈴木さんに言わせればまさに「打算的な考え」からでした。

しかし、鈴木さんと付き合っているうちにその考えを改めるようになりました（もちろん、仕事につながる関係になれるに越したことはありません）。1級キャリアコンサルティング技能士の藤田さんが述べているように、キャリアコンサルティングの仕事を得るには「社会問題に正面から対峙して、その問題解決に寄与し成果を上げることが先であり、その結果として、社会から認められるようになれば、収入は自ずとついてくる」ということが正論だと思います。鈴木さんの「人と人とのつながりを打算的に考えてはいけない」という考え方も藤田さんの考えに通じるものがあると思います。

「前へ」の精神

鈴木さんは大学4年生の秋から、それまでの4年間の集大成として、明治大学卒業祝賀パーティー実行委員会の副委員長に就きました。そこでは、仲間と一緒に三宅裕司氏（明治大学OBのタレント）のラジオの仕事の出待ちを夜中にして、卒業祝賀パーティーへの出演交渉をした経験もあります（最終的には三宅氏と同じ所属事務所のタレント・富田靖子氏が出演し、そのコーナーの司会を行いました)。

すでに学生時代から現在の行動力につながる一端が垣間見られます。キャリアコンサルタントの必須能力のひとつとして、コーディネーターとしての力があげられます。人と人をつなげる役割です。鈴木さんの行動力とネットワークの広さはコーディネーターとして十分な能力だと言えるでしょう。

現在、支社統括部長という重責を担っている鈴木さんですが、これからも持ち前の行動力を活かし、さらにネットワークを広げ、キャリアコンサルタントとして日本マンパワーの経営の中枢を担っていく人材であることは間違いないでしょう。また、人一倍母校愛のある鈴木さん。明治大学ラグビー部の「前へ」の精神をモットーに、さらなる飛躍をしてもらいたいものです。

第6章

キャリアコンサルタントとして活躍するには

1 営業の進め方

飛び込み営業は効果的でない

私は、もともと企業で開発営業に従事していた経験があり、飛び込み営業はまったく苦になりません。個人宅にも平気で「ピンポン営業」できます。キャリアコンサルタントを始めた頃は、実際にチラシを配ったりして飛び込み営業もしましたが、目立った効果はありませんでした。その経験も踏まえ、この営業法はあまりおすすめしません。

病院を開業した時に医者が営業をしないのと理由はほぼ同じで、あまり効果を期待できないのです。医者がビラを持って家庭を1軒ずつ訪問営業してみて、来院してもらえたという話は、やはり聞きません。時に先生と呼ばれる立場の職の人には飛び込み営業は馴染まないようです。もちろん、キャリアコンサルタントとクライアントは対等な立場です。

キャリアコンサルタントに関しても、その職務の性格上、評判が評判を生んで口コミなどで広がっていくことのほうが重要だと考えます。そのためにも、SNSやブログ、ホームページなどで日頃から情報発信をしておくことを考えるべきでしょう。また、第2章でも述べましたが、ネットワークを構築し、これまでの交友関係を活用することも大切です。

ビジネスパートナーを見つけよう

フリーのキャリアコンサルタントと話をしてみると、その多くが自分のキャリアコンサルティングをクライアントに売り込むのがむずかしいと訴えます。

確かに、入社面接試験ならいざ知らず「自分は有名難関大学を卒業して、上場企業の人事部長をした経験があり、知識も豊富でキャリアコンサルティングは皆さんから好評を得ている」などと手前味噌のアピールはしにくいものです。

このような自己PRは、聞きようによっては自慢話をしているだけで、相手を辟易させてしまう恐れもあります。「すごい経歴ですね」で会話が終わってしまう可能性もあります。

特に、日本人は自己PRが苦手だと言われます。もちろん、そんなことは気にせずに営業トークをできる人もいますが、自分で自分のキャリアコンサルティングを売り込むことは、私の経験から言ってもむずかしいと思います。

それでは、どうすればキャリアコンサルタントの営業をスムーズに展開していくことができるのか。それにはやはり、自分をＰＲしてくれるビジネスパートナーが必要だと思います。

社会保険労務士などの士業の人に協力してもらったり、共同でビジネスをして業務提携を結ぶような相手を探したりすることを考えてもいいでしょう。

ただ、フリーのキャリアコンサルタントを始めたばかりの人がいきなり業務提携してしまうと、キャリアコンサルタントか業務提携のサービスのどちらが本業なのかわからなくなってしまう恐れがあります。

そのため、最初は自分に協力してくれそうな友人、自分の活動を理解してくれる人に地道に営業活動していったほうがいいかもしれません。ある程度、余裕が出てきたら、業務提携を考えるようにするといいでしょう。

得意分野を身につけよう

友人やビジネスパートナーに協力をお願いするにしても、やはり自分の得意分野があると有利です。私は、ルート開発と工業系の法人営業を長年してきましたので、これまでの経験や知識から営業に関するセミナーを開くのは可能でした。また、公共事業ビジネスにも9年以上携わっていたので、キャリアコンサルタント業務とリンクする部分がかなりありました。

どんな分野でもいいので、この分野なら何を聞かれても回答できる、というくらいの得意分野をひとつでも作っておきましょう。そこから波及して、思わぬところからキャリアコンサルティングや研修の話が舞い込んだり、新たなビジネス展開の話に発展したりといった相乗効果が期待できるのです。

2 信頼できるスーパーバイザーを探せ

スーパービジョンとは

キャリアコンサルタントとして活動していく上で、スーパービジョンは欠かせません。特定非営利活動法人キャリアコンサルティング協議会が定めた「キャリア・コンサルタント行動憲章」の「キャリア・コンサルタントの活動」では、スーパービジョンを次のように説明しています。

第6章

「指導レベルのキャリア・コンサルタント（スーパーバイザー）は、キャリア・コンサルタントが抱える個別問題の本質を理解したうえで、キャリア・コンサルタントの相談者に対する対応が適切かどうか判断し、相談者に対する支援の適切さ、あるいは不十分さ、自己の問題点等に気づかせ、より高度な視点から指導してキャリア・コンサルタント自身による問題解決を促すことを行う」。

指導レベルのキャリアコンサルタントとは、1級キャリアコンサルティング技能士を指します。つまり、キャリアコンサルタントが面談などで困ったときに相談し指導してくれる、先生のような存在のキャリアコンサルタントのことです。このスーパービジョンを行う人をスーパーバイザー、相談する人をスーパーバイジーといいます。

信頼でき応援してくれるスーパーバイザーは必要

私は、民間資格時代のキャリアコンサルタント資格を取得して以来、9年以上、このスーパーバイザーを藤田廣志さん（1級キャリアコンサルティング技能士。第5章参照）にお願いしています。キャリアコンサルティングで行き詰まった時、相談者や事業主にどう助言したらよいか迷った時に藤田さんにスーパービジョンを仰ぐのです。

また、自分自身の仕事の方向性に迷いが生じた時などにも相談に乗ってもらっています。キャリアコンサルティングを続けていると、迷いが生じたり自分の行ったキャリアコンサルティングに対して、本当にこれでよかったのかと疑問をもったりすることがあります。その際、的確なスーパービジョンを受けることは重要です。自分のキャリアコンサルティングの振り返りになるため勉強になるし、指導され問題解決することで自信にもつながります。

私は藤田さんにキャリアコンサルティングのアドバイスをしてもらっていますが、キャリアコンサルタントになりたての頃は、自分の仕事の方向性など自分のキャリアコンサルティングもしてもらっていました。

実際に藤田さんから受けたキャリアコンサルティングの経験が、今の自分のキャリアコンサルティングの土台になっており、とてもありがたく思っています。キャリアコンサルタントを続けるならば、信頼でき、自分を応援してくれるスーパーバイザーを探すことは極めて大切です。

3 キャリアコンサルティングの進め方

キャリアコンサルタントの基本的態度

キャリアコンサルティングを成功させるために認識しておかなければならない姿勢があります。

「日本のキャリアコンサルタントの父」と言われる元筑波大学教授で職業心理学者の木村周さんは、著書『キャリアコンサルティング　理論と実際』(雇用問題研究会)の中で、キャリアコンサルティングが成功するかどうかはキャリアコンサルティングの理論、知識、技術よりも基本的態度によるところが大きい、と述べています。そして、そのキャリアコンサルタントの基本的態度は次の3点にあると考えられると述べています。

①クライアントに対して無条件の肯定的関心をもつこと。受容的態度とも言い換えられる。
②クライアントの内的世界を共感的に理解し、それを相手に伝えること。共感的理

解とも言い換えられる。

③クライアントとの関係において、心理的に安定しており、ありのままの自分を受容していること。自己一致または純粋性とも言い換えられる。

この基本的態度があった上で、キャリアコンサルティングの理論、知識、技術をもたなければならないと述べています。

専門外はリファーをする

すべての分野に高い専門性をもってキャリアコンサルティングを行える人は、そう多くはないので、キャリアコンサルタントは、自分がどの分野に専門性をもっているのかを自覚して、できないこと、またはしてはならないことはリファー（自分以外の適切な専門家などを紹介）することも基本的態度であると木村さんは言っています。

キャリアコンサルタントとして、理論、知識、技術を習得することは必要ですが、この基本的態度を身につけていないとキャリアコンサルティングは成功しません。

また、自分を過信することはやめて、専門外のことはリファーするようにしたほうがよいでしょう。その意味では、前にも述べましたが、士業を含めて専門家のネットワーク構築を日頃から心がけておきましょう。

4 包括的・折衷的アプローチ、システマティック・アプローチでキャリアコンサルティング

ひとつの理論にとらわれてはいけない

キャリアコンサルティングにはさまざまな理論が存在します。

木村さんは、それらの理論をアプローチの仕方に大別すると、

①感情的アプローチ
②認知的アプローチ
③行動的アプローチ
④包括的・折衷的アプローチ

の4つに分類できると解説しています。

本書では理論についての詳細な説明はしませんが、木村さんは「『キャリアコンサルティングに最もふさわしいという理論は、特定しない』、ひとつの理論だけにとらわれないという点では『理論から解放されている』。その意味では、『全ての理論を取り入れる包括的・折衷的アプローチでキャリアコンサルティングを実施するべき』」と述べています。

なぜ、包括的・折衷的アプローチを推奨するかというと、単に理論のよいところだけを取っているだけでなく、キャリアコンサルティングとして、それ自体正当であり、クライアントの具体的目標を援助する目的と現実にかなっているという理由からです。

そのため、キャリアコンサルタントの中には、自分の得意な理論のアプローチだけで、キャリアコンサルティングを行う人が見受けられますが、あらゆる理論のアプローチによって包括的・折衷的に行うことを意識して問題解決に取り組むようにしましょう。

6つのプロセス

木村さんは、6つのプロセスのあるシステマティック・アプローチを推奨しています。

図6-1　システマティック・アプローチの流れ

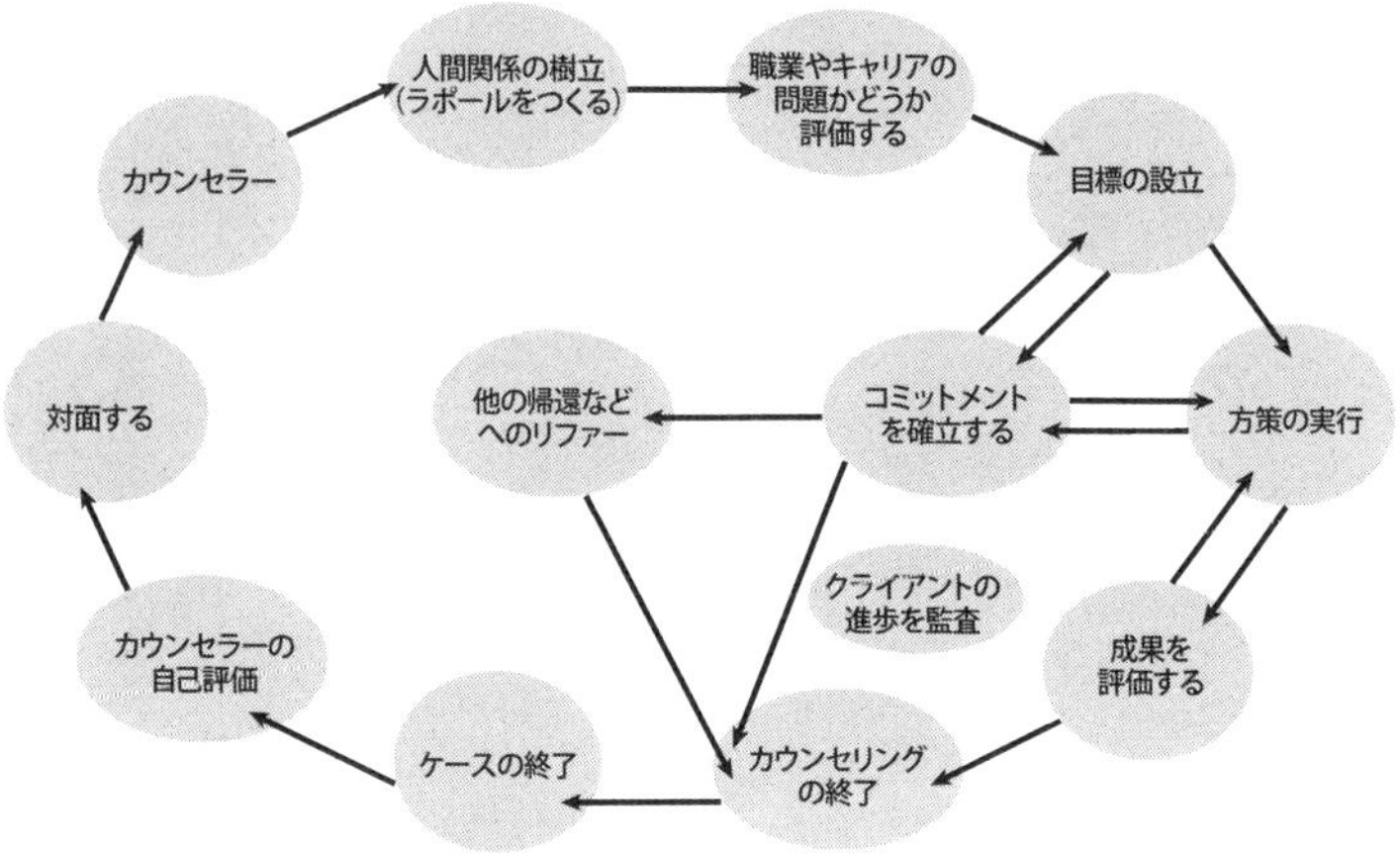

Individual Employment Counselling-A Systematic Approaches Canada
Employment and Immigration Commission. 1982から作成

①カウンセリングの開始……温かい雰囲気の中でクライアントが安心できる信頼関係を樹立する。

②問題の把握……来談の目的、問題を明確にする。キャリアコンサルタントとクライアントが相互に確認し、その問題解決のためにクライアントが行動する意思を確認する。

③目標の設定……解決すべき問題を吟味し、最終目標を決定する。まず、クライアントの悩みや阻害要因を気づかせる。次に、具体的ないくつかの方策を選択し、一連の行動ステップを組み立てる。契約を結ぶことで、

クライアントのコミットメントを確認する。

④方策の実行……選択した方策を実行する。主な方策は、意思決定、学習、及び自己管理である。

⑤結果の評価……実行した方策とキャリアコンサルティング全体について評価する。クライアントにとって方策は成功したか、目標は達成したか、などを評価する。

⑥カウンセリングとケースの終了……キャリアコンサルティングの終了を決定しクライアントに伝える。成果と変化を相互に確認する。問題があれば再び戻ってこられることを告げる。キャリアコンサルタントは、ケース記録を整理し完結する（図6－1）。

目標達成の点検

システマティック・アプローチは、キャリアコンサルタントとクライアントとの間によい人間関係（ラポール）を構築し、共同で目標を定め、計画を立て、その計画を達成するための方策や処置を体系的に進めるのに最も適したアプローチです。

第6章

セルフ・キャリアドックでも当然、システマティック・アプローチを活用しましょう。理想は、年に2、3回、定期的にキャリアコンサルティングを実施し、クライアントの目標達成の点検を行い、できたこと、できなかったことをクライアントに認識させることができたら効果的です。

その際、できたこととできなかったことを整理します。そして、なぜできなかったのか、できなかったことはこれから自分の独力でできることなのか、あるいは誰かの支援が必要なのか、目標達成する上で障害はあるのか、またはできないことなのか、を確認します。

クライアントが「次への一歩」を踏み出せるようにキャリアコンサルティングを実施するのに、このシステマティック・アプローチは役立ちます。PDCAサイクルに似ています。

5 必要なのは日々の自己研鑽

行動憲章・倫理綱領に自己研鑽が明記

キャリアコンサルタントの「行動憲章」「倫理綱領」の中には、「自己研鑽」という項目があります（第1章参照）。

行動憲章には、「キャリア・コンサルタントの活動を支えるのは、不断の自己研鑽である。（中略）質の高い援助を提供するためには、新しい考え方や理論も学び、常に自分自身の能力を磨く姿勢をもって自己研鑽する」と明記されています。

また、倫理綱領の中には「組織を取り巻く社会、経済、環境の動向や、教育、生活の場にも常に関心をはらい、専門家としての専門性の維持向上に努めなければならない」とあります。

資格の更新講習はもちろんのことですが、スーパービジョンを受けたり勉強会に参加したりして、自己研鑽することが求められます。また、日々、政治経済や社会問題に関心をもち、自分なりの考えをもつことが大切です。

最近は、ネットの記事、ブログなどで社会問題などの考え方や意見を手軽に読むことができます。新聞、雑誌、テレビ、ラジオなどを含めて、さまざまな人の考え方や意見を聞き、自分の考えをまとめておきましょう。

ある意味、キャリアコンサルタントの仕事はジャーナリスト的な要素があると思います。面談で社会情勢を知っていなければ、タイムリーなキャリアコンサルティングはできません。また、労働関連法令の変更や最新の労働市場を把握しておくことも、面談の際に活かすことができます。

チャンスが巡ってきたときのために

キャリアコンサルタント資格を取得しても、すぐに仕事が舞い込んでくることはほとんどないでしょう。それでも毎日真面目に活動を継続していると、必ずチャンスは巡ってきます。その時のためにも、日々の自己研鑽は必要です。

また、キャリアコンサルタント同士の交流を深めて、意見交換、情報収集を日頃から心がけるようにしたいものです。

キャリアコンサルタントの集会は、FacebookなどのSNSで頻繁に告知されています。

２０１８年にはキャリアコンサルタントのための職能団体「一般財団法人ＡＣＣＮ（オールキャリアコンサルタントネットワーク）」が設立されました。この団体は、資格団体の枠を超え、キャリアコンサルタント有資格者なら誰でも入会できます。

キャリアコンサルタントの自発的、主体的な活動を発展させることを大きな目的としています。このような団体で、キャリアコンサルタントとの交流を深めたり、情報収集する場として活用したりすることもひとつの方法です。

その他の方法もあります。私が会員になっている商工会議所では、さまざまな交流会、勉強会が催されます。情報収集の場としてだけでなく、さまざまな業種の人たちとの交流により、ビジネスチャンスの可能性があります。こうした公の団体の会員になることも自己研鑽だけでなく、自分を売り込むチャンスの手段です。

「ローマは一日にして成らず」ではないですが、「キャリアコンサルタントも一日にして成らず」です。日頃から自己研鑽に努めましょう。

6 ブランディングを考えよう

自分自身が広告であり看板

ダブルワークやフリーでキャリアコンサルタント業をするにあたっては、企業などに自分をアピールする必要があります。

いまは、大企業のみならず中小企業にも「ブランディング」を浸透させて人材採用や新規事業進出などの経営課題の解決にあたる傾向があります。キャリアコンサルタントとして自立していくためにも、この「ブランディング」は重要です。

私は、公共事業ビジネスやセルフ・キャリアドックへの活動を自分の「ブランディング」としています。工業系の法人営業の経験、採用の経験、法務局、愛知県労政局、労働局、ハローワークでのビジネスの経験や知識などをアピールしています。

皆さんも、これまで自分が取り組んできたビジネスの分野で必ずアピールできる「強み」をもっているはずです。例えば、医療関係でケースワーカーをして患者の相談役をしていた、大学や専門学校などで学生にキャリア支援をしていた、ＩＴ企業で技術者に最新の技術の指導をしていたなどです。

必ずしも正社員にこだわる必要はありません。アルバイトで飲食店のアルバイト社員のシフト管理を任されていた、運送会社で商品の管理を任されていたなど、とにかく自分の得意とする分野でのブランディングを考えておきましょう。

キャリアコンサルティングは、売っているものに形がありません。自分自身が商品であり、広告であり看板となります。他の職業以上にブランディングが必要となります。キャリアコンサルタントにとって、「自分ブランド」は最強の営業ツールになるのです。

自己キャリアコンサルティングをしよう

2008年のキャリアコンサルタント倫理綱領には、自己研鑽の項目に「キャリアコンサルタントはキャリアコンサルティングの普及啓発を常に行わなければならない」と明記されていました。

キャリアコンサルティングの普及啓発をするにあたっても、これまで自分はどんな分野で活躍していたか、どうしてキャリアコンサルタントになったのか、そして、これからどのような分野でキャリアコンサルタントとして活躍していきたいのか、ビジョンを語ることが必要な場面も出てきます。その意味でも「自分ブランディング」を考えておくことは大切なのです。

中には、これまでの仕事で世の中に誇れるような仕事をしてこなかった、という謙虚な人もいるでしょう。しかしそのような控えめな考えは禁物です。もう一度、自分のこれまでの仕事を棚卸しして、自己理解、仕事理解をしてみましょう。まさに自分で自分の「自己キャリアコンサルティング」をするのです。

また「自分ブランディング」ができたら、自分のことをよく知っている友人や先生などに感想を聞いてみることをおすすめします。第三者の意見を聞けば、新たな気づきが生まれます。まさに「自分ブランディング」とは、「自己キャリアコンサルティング」をすることでわかってくるものなのです。

7 「行動憲章」「倫理綱領」を知っておこう

クライアントの代弁者

キャリアコンサルタントには、守らなければならないものとして「行動憲章」「倫理綱領」が規定されています。

ここでは、特に重要と思われる項目について紹介しましょう。

まず、「行動憲章」には「個人に対する支援だけでは解決できない環境の問題を発見し、改善する」と明記されています。キャリアコンサルタントは「相談者の問題が個人に対する支援だけでは解決できない環境の問題である場合には、その問題を発見し、環境に働きかけて、環境を改善していく活動を行う」ことが求められます。

キャリアコンサルタントの大きな役割として、問題を抱えている相談者がいることを組織・社会に知らせ、代弁して、何らかの示唆・提言を行う活動「アドボカシー」があると第4章で述べました。「行動憲章」の「個人に対する支援だけでは解決できない環境の問題を発見し、改善する」とは、この「アドボカシー」のことを指しています。

つまり、キャリアコンサルティングでクライアントに対する支援だけでは解決できない問題がある場合は、地域、組織、家族、対人関係やシステムなどクライアントを取り巻く環境にクライアントの代弁者として問題の説明、改善策の提案などをしていく役割があるということです。

私は、セルフ・キャリアドック制度助成金の「キャリコンバブル」の際、この「アドボカシー」をほとんどできなかったことが反省点としてあります。

しかし、私が行ったセルフ・キャリアドックの際にも、クライアントから給料の評価基準が不明確という問題提起があり、このことを企業の人事に代弁することで給与システムの見直しがされた経験があります。いわゆる、企業へのフィードバックも含めた組織への介入がキャリアコンサルタントの役割のひとつでもあるのです。

守秘義務について

キャリアコンサルタントは、キャリアコンサルティングを通じて職務上知り得た事実や資料、情報については守秘義務を負います。

キャリアコンサルティングの事例や研究の公表に際しては、プライバシーの保護に最大限に留意し、相談者が特定されないよう、また相談者および関係者に不利益が生じないよう、適切な手続きをとらなければなりません。

私が従事していた「訓練受講希望者等に対するジョブ・カード作成支援推進事業」でも、キャリアコンサルティングを行う前に、キャリアコンサルタントは必ず相談者に、個人情報について労働局やハローワークと共有する場合があると了承を得ています。もちろん個人情報の取り扱いは慎重に行わなければなりません。

ただし、身体、生命の危機が察知される場合や、法律に定めがある場合などはこの限りではありません。

自己決定権の尊重について

「倫理綱領」に明記されているように、キャリアコンサルティングにおいては、キャリアコンサルタントはキャリアコンサルティングの目的、範囲について、必要かつ十分な説明を行い、相談者の理解を得て職務を進めなければなりません。また、相談者の自己決定権を尊重しなければなりません。

私もキャリアコンサルティングをする前に、必ず相談者に対して、「これから面談をしていく上で、あなたにこうしたほうがいいとか、これはやめたほうがいいと言うかもしれませんが、最終的に行動に移すか否かはあなたに決定権があります。ですので、あくまで行動に移すか否かを判断するのは、あなた自身の考えに基づきます」と説明します。

このことについて、相談者からの了承を得ておかなければ、後で何か問題が起きた時に、相談者から「キャリアコンサルタントに言われたからやった」などと言われかねません。予め相談者に「自己決定権の尊重」をしっかり理解してもらっておきましょう。

8 「労働の人間化」を考えながら

キャリアコンサルタントが活躍する時代

私は、藤田廣志さんが主宰するMCC東海の会員です（第5章を参照）。MCC東海では、毎年、藤田さんが講師を務めるロビンズ倶楽部TOKYOと合同で、1泊2日のジョイントセミナーを開いています。

そのセミナーでは、前述の「日本のキャリアコンサルタントの父」と言われる職業心理学者の木村周さんを講師に迎えて研修を行っています。

木村さんは、日本のキャリアコンサルティングの歴史とともに歩み、主導してきた人です。労働省（現・厚生労働省）で職業安定行政の現場業務に就いたのをはじめ、雇用政策とのかかわり、職業研究や職員研修、筑波大学大学院での社会人教育、キャリアコンサルティングの制度の確立などに多くの業績を残しています。

木村さんは現在、社会全体が構造変化し、将来が見えにくい不透明な時代が到来して、これからのキャリアコンサルタントはいかにあるべきかを次のように述べています。

「『いつでも、どこでも、誰でもが学べて、やり直しのきく社会』の実現に向けてキャリアコンサルタントは先頭に立って活躍していかなければならないし、キャリアコンサルタントはそれができると私は確信している」

改めて、これからがキャリアコンサルタントの活躍する時代であり、そのことを端的に示した言葉であると言えます。

4つの課題

木村さんは、官民を問わず社会全体に対してキャリアコンサルタントが抱えている課題、

第6章

社会がキャリアコンサルタントにいま何を求めているかということについて、次の4点をあげて説明しています。

第1は「雇用の場の確保と現場力再構築に貢献すること」です。

キャリアコンサルティングは個人のコンサルティング支援であり、雇用問題はキャリアコンサルタントの仕事ではないと思われがちです。しかし、キャリアコンサルタントは、組織や社会を変えるという意欲をもって「環境への介入」も行うべきです。つまり求人の開拓などについても無関係でいるわけにはいかないとしています。

キャリアコンサルタントは現場にいて現場を知っているからこそ、現場を動かすことができる人です。「働く人にとって快適な職場づくり」を展開するために先頭に立っている人こそキャリアコンサルタントである、とも述べています。

第2は「中小企業と地域に活動を拡げること」です。

従来のキャリアコンサルティング活動は、どちらかといえば大企業をモデルとして作られてきました。本社で作成された人事育成制度も、具体的に実行されるのは各地域の支店や営業所、工場などであり、成果はその地域の現場の実行者にかかっています。中小企業は地域活動と密接な関係にあるので、「キャリアコンサルティングの原点は中小企業にあると言ってもよい」とも述べています。

第3には「障害者、高齢者、メンタルヘルス不全者、外国人労働者などに対する活動を強化すること」をあげています。

これらの人々に対するキャリアコンサルティングは、それ以外の人々に対するものとはまったく違う考え方と手法が求められています。そのことを自覚して、労働基準法、労働安全衛生法など労働基準行政や医療、介護、福祉などの関係者と適切な連携を図り、的確な支援を行う必要があるとしています。

第4は「支援者として官民を超えた『公』の視点を自覚し、『労働の人間化』と『快適な職場づくりに貢献すること』」です。

ここでいう「公」の精神とは、官であろうと民であろうと「公（Public）」の精神と行動をとりたいということです。官民を超えた「公」というと、セーフティネットとしての官、企業のCSR（社会的責任）が、今日求められています。

しかしそれは、セーフティネットとしての雇用政策、企業の社会的責任としての人事・労務管理のあり方など、どちらかというと制度づくりに重点が置かれます。

その制度を実践としてどう展開していくかは、「公」の視点で、現場で働く人を支援するキャリアコンサルタントが個人と組織の真ん中に立って「労働の人間化」とその結果としての「働く人にとって快適な職場づくり」に貢献することで行われるとしています。

これら4つの課題については、これからキャリアコンサルタントを目指す人たちのほか、現在キャリアコンサルタントとして活躍している人たちにも、現在の日本社会の課題になっていることと認識してほしいと思います。

「労働の人間化」6つの要素

木村さんが唱える「労働の人間化」の6つの要素をあげておきましょう。

①「変化」
労働の内容に手応えがあること。単に忍耐を要するというだけでなく、適当な変化があること。

②「学習」
仕事から学びがあること。継続可能でかつ妥当な学習があること。

③「自律性」
自分で判断する余地があること。自分の責任で考え、決められること。

④**「他人との協力関係」**
人間的つながりがあること。同じ職場の人たちが互いに他人を認め合う関係にあること。
⑤**「社会的意義」**
仕事に社会的意義があること。自分の労働と社会をつなげて考えられること。
⑥**「成長」**
将来にプラスになること。何らかの意味で良き将来につながること。

思考の原点

「労働の人間化」は、私がキャリアコンサルティングを実施する上で、思考の原点となっています。

木村さんが言うように、キャリアコンサルタントは「雇用、教育、企業の現場で直接『働くことを通して、人生をいかに生きるか』」を支援する専門家です。「現場の最前線で変化を先取りし、それを働く人、組織、社会に仲介し、さらに変化を想像する役割をもたなければなりません。そのためには、これからのキャリアコンサルタントは『厚さと広がり』をもった助言者、情報提供者、計画者、調整者、教育者、ファシリテーター、コンサ

第6章

ルティングの実践者でなければなりません」という木村さんの掲げるキャリアコンサルタントの役割を実践していきたいと私は考えています。

研修において印象に残った木村さんの言葉があるので紹介します。

「たとえ、単純な部品加工の仕事でも、昨日より今日、今日より明日に技術が向上するという成長がある。従業員に仕事の喜び、やりがいを伝え、仕事に社会的意義を認識してもらうことがキャリアコンサルタントの役割である」

9 世界の潮流「社会正義のキャリアコンサルティング」を目指して

キーワードは「社会正義」

独立行政法人労働政策研究・研修機構の下村英雄主任研究員は、キャリア発達とキャリア教育・キャリアガイダンスのあり方に関する研究分野における日本の第一人者です。日本キャリア教育学会会長、日本産業カウンセリング学会監事でもあります。

その下村さんが、２０００年代以降、現在まで強調されてきた「キャリア支援」に「社会正義（Social Justice）のキャリアコンサルティング」があります。最近、ネットなどで取り上げられている記事を目にしますが、日本ではまだ聞きなれないキーワードです。

日本では「キャリア」に関する用語をめぐって、その定義は何か、概念の違いは何か、はっきりさせようとする議論があります。この点については、本書ではこの議論には触れません。キャリアコンサルティング、キャリアガイダンスともに「キャリア支援」ととらえてください。

社会正義のキャリアコンサルティングの背景

「社会正義のキャリア支援論」は、ＯＥＣＤ（経済協力開発機構）、ＩＬＯ（国際労働機関）、世界銀行などの国際機関でも盛んに論じられています。これら国際機関の共有するキャリアガイダンスの目標の中に「労働市場」「教育訓練」「社会正義」があります。

なぜいま「社会正義のキャリアコンサルティング」なのでしょうか。１９９０年以降、バブルの崩壊、リーマンショックと日本だけでなく世界的に社会状況が激変しました。日本の社会でもダイバーシティ化が進み、ＬＧＢＴなどの多様で少数派の価値観を尊重する時代になり、格差社会という社会問題が顕在化してきました。

これまでは社会が比較的安定していて、個人の自己実現、好みや価値観を実現させることが重要だった時代でしたが、今では不安定で流動的な過ごしにくい環境になってきています。

そういう認識の下では、むしろ社会にもう少し目を向けて個人を支援していくべきなのではないのかという反省、議論が生まれてきました。これが、「社会正義のキャリアコンサルティング」の背景だと下村さんは述べています。

社会福祉的キャリアコンサルティングとは

株式会社などがクライアントの場合、企業領域キャリアコンサルタントの原点は、資本主義社会における利益追求を目的とする生産性の向上を主眼に置いたキャリアコンサルティングになります。このように、キャリアコンサルティングのイデオロギー的原点は資本主義です。

しかし、「市場原理に基づいたキャリアコンサルティングから社会福祉的キャリアコンサルティング」を訴える研究者も出てきています。これまでキャリアコンサルティングといっても、私たちは無意識のうちに競争を駆り立て、適応を強いるような働きをしてきたのではないかという批判が、ヨーロッパの研究者を中心に出されるようになったからです。

ただ、適材適所でその人に合った職業に就いてもらい、キャリア発達を順風満帆に送ることのできる人たちがいるのはよいことであり、今後も目指すべきことだと考えられます。

一方では、そこには何か無反省に競争を駆り立てている面があるのではないか、そこからこぼれ落ちた人や残念ながらうまくいかなかった人のことも十分に考えていくべきではないかという発想があり、これが「市場原理に基づいたキャリアコンサルティングから社会福祉的キャリアコンサルティングへ」の考え方を生み出した背景もあるのです。

日本の企業に普及・定着するか？

私は、ある中小企業の社長から、「中小企業の経営者は従業員のキャリアコンサルティングよりも明日の資金繰りのほうが重大な問題だ」と一喝された経験があります。

セルフ・キャリアドック制度助成金が「キャリコンバブル」で終わってしまったことも、この中小企業の社長のひと言に通じると思います。

もちろん、その社長も従業員のことを考え、給与の昇給の見直し、残業をしないような仕事の進め方を考えて実行しています。いわゆるブラック企業ではない、まっとうな企業

第6章

の経営者であれば、鬼のように従業員を追い立てて、競争で従業員を使い潰したいはずはないと思います。

資本主義社会において、社会福祉的キャリアコンサルティング、社会正義のキャリアコンサルティングをいかに企業に普及、定着させることができるかが、これからの日本のキャリアコンサルタントの課題だと思います。

下村さんによれば、社会正義のキャリア支援には、「スタンス」が重要だとのことです。「具体的に何をやるかという以前に、社会正義のキャリア支援の実践を行う人はどうあるべきかが大事」で、「それほど目新しい実践があるわけでなく、それをどういうつもりでやるか、そこに大きな違いがある」と述べています。つまりキャリアコンサルタント個々の取り組み方によるところが大きいわけです。

キャリアコンサルティングを提案する際、普通の言葉で表現すれば、「働き方改革」や「ストレスチェック制度」の延長上にキャリア支援があることを提案するのがよいのではないかと考えます。キャリアコンサルティングというと1対1の個人的な支援に終始してしまいがちですが、これからは、キャリアコンサルタントの役割に、個人の支援から、アドボカシーのように個人を取り巻く社会に広げる支援の実践がカギになるでしょう。

また、最近話題になっていて、ＩＬＯも重視しているＳＤＧｓ（持続可能な開発目標）を取り入れ、職場や働き方を改善するという提案もできるでしょう。

3〜5年先を見据えて

これまで11年間、日本のキャリアコンサルティングの動向をウォッチしてきましたが、大体、欧米で潮流になった事柄が3〜5年後に日本のキャリアコンサルティング界にも普及していると感じています。

今から社会正義のキャリアコンサルティングを目指していけば、3〜5年後に時代の先端をゆくキャリアコンサルティングになっているかもしれません。これからキャリアコンサルタントを目指す人たち、すでにキャリアコンサルティング活動をしている人たちも、「社会正義のキャリアコンサルティング」というキーワードに注目してください。

「社会正義のキャリアコンサルティング」の詳細については、独立行政法人労働政策研究・研修機構の報告書：第89回労働政策フォーラム「新時代のキャリアコンサルタント――その使命と責務――」（2017年2月3日）、『社会正義のキャリア支援：個人の支援から個を取り巻く社会に広がる支援へ』（下村英雄著、図書文化社）をご参照ください。

10 キャリアコンサルタントのこれから

厚生労働省の報告書より

厚生労働省は2018年3月に「キャリアコンサルタントの能力要件の見直し等に関する報告書（職業生涯にわたる職業生活設計支援に関する知識・技能の拡充・強化を提言）」を公表しました（図6－2）。

1　能力要件の見直しについて

○キャリアコンサルタントに求められる社会的役割について、その拡大・深化を踏まえ、関連制度・施策の効果的運営、「働き方改革」や「人生100年時代構想」などの新たな政策的重要課題に関する役割の発揮、利用者のニーズやキャリアコンサルタントの活動実態といった視点から明確化するとともに、関係機関のヒアリングを通じて制度運用上の課題を把握し、見直しの具体的な事項を検討した。

○検討の結果、クライアントや相談場面の多様化への対応、セルフ・キャリアドック

図6－2　キャリアコンサルタントの能力要件の見直し概要

○　キャリアコンサルタントの能力要件は、キャリアコンサルタント試験の受験要件である養成講習の科目・範囲・時間数（職業能力開発法施行規則（昭和44年労働省令第24号）別表第11の3の2）で整理。
○　今般、キャリアコンサルタント登録制度の施行状況、社会環境や産業構造・労働構造の変化や労働政策上のキャリア支援の重要度の高まりを踏まえ、職業生涯にわたる職業生活設計に関わる支援など、期待される役割をより確実、かつ、幅広く担うために必要な知識及び技能を反映するための見直し。

（見直しの主な内容）

全体像　○養成講習の全体時間数：140時間→150時間（うち演習時間：60時間→70時間）

拡充強化
- ○セルフ・キャリアドック等の企業におけるキャリア支援の実施に関する知識・技能
- ○リカレント教育等による個人の生涯にわたる主体的な学び直しの促進に関する知識・技能
- ○職業生涯の長期化、仕事と治療、子育て・介護と仕事の両立等の課題に対する支援に関する知識・技能
- ○クライアントや相談場面の多様化への対応に関する知識・技能

（更新講習にも反映）

合理化　○科目間の重複の整理・統合

○　更新講習（知識講習）についても、拡充強化を科目に反映（上記枠囲み部分）。

（その他）

○施行日現在の養成講習既修者、更新講習既修者については、受験・更新資格は有効。

厚生労働省資料

などの企業におけるキャリア支援、個人の生涯にわたる主体的な学び直しとキャリアアップなどの支援に必要となる知識や技能の拡充・強化、登録制度の創設時における必要性の変化や科目間での内容の重なりを踏まえた合理化を、能力要件への反映の方向性として提言した。

2　キャリアコンサルタント登録制度の枠組みや位置づけとの関連も含めて今後検討するべき事項について

○キャリアコンサルタント登録制度などについて、キャリアコンサルタントの継続的な学びの機会創出、養成講習の

第6章

選択制、キャリアコンサルティング職種技能士との関係整理、更新講習のレベルアップなどの視点から、統合的なアプローチにより引き続き検討を進め順次具体化を図ることを提言した。

また、2019年1月には、「キャリアコンサルタントの継続的な学びの促進に関する報告書（キャリアコンサルタントの十分な活躍に向けた方策や資格取得後の学習のあり方などを提言）」を公表しています（図6－3）。

1　キャリアコンサルタントやこれを組織する団体などに今後求められる対応について

○実務経験の確保について、キャリアコンサルタントを組織する団体などが、インターンシップ方式による実務経験機会を提供する仕組みなどを検討すべきであることを提言した。

○継続的学びの推進について、キャリアコンサルタントは自分自身の課題の把握とその解決、継続的な自己啓発・能動的学習などを、継続的に行っていくことが必要であることを提言した。

図６－３　キャリアコンサルタントの継続的な学びの促進に関する報告書（概要）

（平成30年12月「キャリアコンサルタント登録制度等に関する検討会」とりまとめ）

1．検討の背景及び考え方

○　平成28年4月に創設されたキャリアコンサルタント登録制度は、制度施行以来、着実にその登録者数を伸ばすなど、順調に推移。

○　一方、キャリアコンサルタント国家資格試験で求めている能力水準は、現実的視点も考慮したいわばミニマム標準として設定されたものであり、実際に現場で十分に活躍するには、資格試験に合格・登録した後も、継続的学びによる資質向上と経験の蓄積が必要不可欠。

⇒　キャリアコンサルタントの多様な領域での十分な活躍に資するよう、活躍していくための方策及び資格取得後に継続的に学んでいくべき事項を体系的に整理し、キャリアコンサルタント、キャリアコンサルタントを組織する団体等が主体的に継続的学びに取り組むに当たっての指針を示したもの。

2．キャリアコンサルタントやこれを組織する団体等に今後求められる対応

（1）実務経験機会の確保

資質向上に向けた自発的な学びや成長へのモチベーションのためにも、実務経験が必要。キャリアコンサルタントを組織する団体等がインターンシップ方式による実務経験機会を提供する仕組み等を検討すべき。

（2）継続的学びの推進

○　キャリアコンサルタントが、それぞれの活動領域において、十分に活躍していくためには、キャリアコンサルティングの実務経験を踏まえ、自分自身の課題の把握とその解決及びさらなる資質向上のため自己啓発・能動的学習等を継続的に行っていくことが必要。

○　現場のニーズに的確に答え、活躍できる人材集団として社会的に評価されるため、①すべての活動領域で共通的に求められる一定の能力水準を確保した上で、②それぞれの専門領域や現場のニーズに応じた高い知識・スキルを身につけるよう努めるべき。

3．資格取得後の継続学習において特に必要な事項

（1）あるべきキャリアコンサルタント像

○　キャリアコンサルタントは自らの助言・指導等がクライエントに大きな影響を及ぼしうることを常に肝に銘じ、また、常に自らの能力・態度等の課題に目を向け、その解決に取り組むべく「学び」を継続していかなければならない。

○　キャリアコンサルタントは自らの自己理解にも努めなければならない。さらに、自身の活動の基にある理論的根拠やキャリア形成・能力開発における意味づけなどを説明できる力が必要である。

○　指導的立場のキャリアコンサルタントは、豊富な実務経験のほか、専門家としての学術性や指導者としての人間性も備える必要がある。

（2）学習項目

資格取得後の継続学習においては、特に、①個別面談スキル、②倫理、③法令・制度、④ツールの活用方法、⑤多職種連携に関する知識、⑥組織への働きかけ手法、⑦クライアントの特性理解、⑧制度上位置付けられた役割の理解　等の項目について重点的に学ぶ必要がある。

（3）標準学習モデル

自らの力量の水準や自らに必要な学習を的確に把握することは難しいため、各キャリアコンサルタントが自らの力量を客観的に診断できる機会の設定が必要。特に、スーパービジョン（※）や事例検討会、研修会・経験交流会への参加の機会を組織的に整備する必要がある。

※　キャリア支援におけるスーパービジョンは、スーパーバイザー（指導者）がスーパーバイジー（指導を受けるキャリアコンサルタント）に対し、①面談記録に基づく事例の理解や対応方針の検討などの技術的な面での指導に加え、②キャリアコンサルタントとしての成長を図るための支援を行う教育的対応を指すもの。クライアントに対する効果的なキャリア形成等支援・それを通じた組織活性化への貢献等にもつながるもの。

キャリアコンサルタント登録制度等に関する検討会、2018年

2　資格取得後の継続学習において特に必要な事項について

○あるべきキャリアコンサルタント像について示すとともに、資格取得後の継続学習において重点的に学ぶ必要がある項目（個別面談スキル、倫理、法令・制度、ツールの活用方法、多職種連携に関する知識、組織への働きかけ手法、クライアントの特性理解、制度上位置付けられた役割の理解など）を提言した。

○標準的学習モデルについて、各キャリアコンサルタントが自らの力量を客観的に診断できる機会の

設定が必要であることから、スーパービジョンや事例検討会、研修会・経験交流会への参加の機会を組織的に整備する必要があることを提言した。

また、2020年4月に「キャリアコンサルタントの継続的な学びの促進等に関する報告書」が公開されました。報告書には「スーパービジョンの実務体制の整備」「実践経験の機会の確保」等についての課題が整理されています。また、キャリアコンサルタント登録制度やこれに関連する施策の方向性についても提言しています。

11 キャリアコンサルタントの普及・定着を目指して

現在の課題

これらの報告書からわかるように、国はセルフ・キャリアドックの普及促進、キャリアコンサルタントの質の向上などをキャリアコンサルタントに求めています。

2022年8月末時点で、キャリアコンサルタント登録数は約6万人。登録数は伸びていますが、現在課題としてあげられているのは、キャリアコンサルタントの質の問題です。資格は取得したものの満足なキャリアコンサルティングができていない、資格を活かした仕事をしていないというキャリアコンサルタントがいるのも事実です。

その改善策として、厚労省はスーパービジョンの充実化として1級キャリアコンサルティング技能士の上のレベルの「指導者スーパーバイザー」も想定しています。また、養成講座の講習時間を140時間から150時間に増やすことになりました。

キャリアコンサルタントとして

国は方策を示してはくれますが、実行して道を切り開くのは、キャリアコンサルタント自身です。

いかにキャリアコンサルタントが日本に普及・定着していくかは、各々のキャリアコンサルタントのこれからの活動にかかっています。

現在、キャリアコンサルタントには追い風が吹いています。

労働環境の激変という状況の中、働き方改革をはじめとする国民の働き方に対する意識の変化があります。このような環境の中、キャリアコンサルタントが企業、個人のために

第6章

貢献できる大きな役割を担っていると考えます。

私自身、現在キャリアコンサルタントとして活動していますが、今後の変わりゆく社会情勢の中で、どのような形でキャリアコンサルティングに取り組んでいくかは、適宜考えて行動していきたいと思います。その行動の本質的な原点は「労働の人間化」「社会正義のキャリアコンサルティング」にあります。

キャリアコンサルタントとして、組織と個人の中間に立ち、クライアントに明日への一歩を踏み出せるような気づきを与え、企業の生産性を向上させることにより社会貢献できるようなキャリアコンサルタントを目指していきたいと思います。

おわりに

2019年秋、意を決してスマホを手に取りました。

「先週お送りしました原稿を読んでいただき、ご感想をお聞かせください」

「わかりました。2週間ほど時間をください」

相手は2年前の研修で名刺交換をさせていただいた木村周さん。「日本のキャリアコンサルタントの父」と言われ、キャリアコンサルタントのバイブル『キャリアコンサルティング　理論と実際』(雇用問題研究会)の著者です。

そして2週間後、木村さんから1通の書簡が届きました。

「全ページにわたって異議はありません。よく出来ています。依頼文にあるように、私も今後、キャリアコンサルタントは『労働の人間化』と下村さんの『社会正義のキャリアコンサルタント』が一体になった関係が確立するべきだと思います」と自筆で認《したた》められていました。

私が書いた依頼文の内容は「(拙書は)まだキャリアコンサルタントの資格を取得していない人にキャリアコンサルタントの魅力を伝え、自分も資格をとって活躍してみたいという意欲を喚起すること、また、すでに資格を取得している方々に対して、主にフリー、ダブルワークでキャリアコンサルタントとしてどう自立していくかを指南しています」。

その上で、木村さんの「労働の人間化」と下村さんの「社会正義のキャリアコンサルティング」を念頭に置いたキャリアコンサルティングが重要だという主旨です。

下村さんは、本文でご紹介している独立行政法人労働政策研究・研修機構主任研究員です。


木村さんとは研修で二度しかお会いしたことがなく、挨拶程度しかしていないので、私のことは覚えていなかったでしょう。それにもかかわらず、このような賛辞をいただいた書簡を読んだときの感動は、今も忘れません。

第5章の「現場で活躍するキャリアコンサルタント」の中で、一級キャリアコンサルティング技能士・藤田廣志さんが、キャリアコンサルタントとして重要だと述べている「Weak Ties」とは、こういうことを言うのではないかと感じた瞬間でもありました。

現在、キャリアコンサルタントに「追い風」が吹いています。

最近、キャリアコンサルタント資格取得希望者と話す際に出るのは、必ず「キャリアコンサルタントで稼げますか？」という質問です。私は「Up to you（あなた次第）」と答えます。その際、私が9年前に取得した民間資格時代のキャリアコンサルタント資格の頃と、現在の国家資格昇格後のキャリアコンサルタント資格の周囲の反応の違いについて、必ず申し添えます。「だから5年後、10年後のキャリアコンサルタントに対する社会の価値観はどうなっているかわからないよ」と言うと、たいていの人は目を輝かせます。

今後、世の中に普及、定着していくか否かは、各々の活動にかかっています。私も今後、キャリアコンサルタントとして生計を維持していくために活動していきます。その際「労働の人間化」と「社会正義のキャリアコンサルティング」という理念を念頭に行動していきたいと考えています。

最後に、第5章「現場で活躍するキャリアコンサルタント」の執筆にあたり、ご協力いただいた4人のキャリアコンサルタントの皆さまはじめ、拙書にご協力いただいた皆さまに心より感謝を申し上げます。

講演やスーパーバイザーとして、ご多忙にもかかわらずお時間を取っていただいた藤田廣志様。勤務時間を調整いただき、「交流スペース」に押しかけた私にお話を聞かせていただいた渡辺ゆりか様。ハローワークでのキャリコンの後にいやな顔ひとつせず付き合っていただいた谷口陽子様。正月の休み明け、初仕事の後、雨の中で居酒屋に付き合っていただいた鈴木光様。

著書の執筆活動中にもかかわらず質問に懇切丁寧に回答していただいた下村英雄様、そして、二度しかお会いしておらず、挨拶程度しか会話もしていないのに書簡にて鼓舞していただいた木村周様。この場を借りてお礼申し上げます。

また、執筆の機会をいただいた出版プロデューサーの松尾昭仁様、出版をお許しいただいた合同フォレスト株式会社・山中洋二取締役社長、松本威取締役編集制作室室長に心より感謝申し上げます。

今回の出版にあたり、何か世の中のためにできることを考えた時、ささやかではありますが初版本の印税を、7年前に亡くなった最愛の母がお世話になった日本赤十字社に寄付させていただきます。

この本が少しでもキャリアコンサルタントの自立にお役立ていただけることを信じて。

2020年4月

カリエーレ・コンサルタンツ代表
キャリアコンサルタント
佐渡　治彦

■参考文献

『キャリアコンサルティング　理論と実際　5訂版』木村　周（雇用問題研究会、2018年）

『キャリアカウンセリング』宮城まり子（駿河台出版社、2002年）

『働き方改革の担い手「キャリアコンサルタント」〜自分らしい生き方の支援者〜』田中稔哉（日本マンパワー出版、2017年）

『コンサルタントになっていきなり年収650万円を稼ぐ法』松尾昭仁（集英社、2011年）

『キャリアコンサルタントになりたいと思ったらはじめに読む本』津田裕子（中央経済社、2019年）

『新時代のキャリアコンサルティング―キャリア理論・カウンセリング理論の現在と未来』労働政策研究・研修機構編（労働政策研究・研修機構、2016年）

『セルフ・キャリアドック入門：キャリアコンサルティングで個と組織を元気にする方法』高橋　浩・増井　一（金子書房、2019年）

『社会正義のキャリア支援：個人の支援から個を取り巻く社会に広がる支援へ』下村英雄（図書文化社、2020年）

『知の技法』小林康夫・船曳建夫（東京大学出版会、1994年）

●著者プロフィール

佐渡　治彦（さど・はるひこ）

カリエーレ・コンサルタンツ代表
キャリアコンサルタント

1965年名古屋市生まれ。明治大学政治経済学部経済学科卒業。

大学卒業後、日立系専門商社に入社し家電、自動車業界向けに合成樹脂原料、加工品の営業に従事。その後転職を重ね、ドイツ系の制御盤世界シェアNO.1のリタールにて、プロジェクトマネージャー、中途採用責任者に。リーマンショックを機に、キャリアコンサルタント資格を取得、人材業界にキャリアチェンジ。現パーソル（旧テンプスタッフ・ピープル、インテリジェンス）等で公共受託事業に特化した人材ビジネスに携わる。途中2年間、ハローワーク名古屋東にて求人部門も経験。

法務局（愛知）にて業務管理者として、職員の労務管理、指導にあたる。愛知県労政局・未就職卒業者等人材育成事業、中小企業処遇改善支援事業、介護職経験者再就職支援訓練事業では、企業コーディネーター、キャリアコンサルタントとして、若年者から中高年のキャリア支援を行い、約100件の企業とマッチングに成功。

ハローワークの求人者支援員では、労働基準法を遵守した企業の強みを引き出す求人票を作成し、即戦力を充足。

労働局の訓練受講希望者等に対するジョブ・カード作成支援推進事業（愛知）においては、事業責任者として、キャリアコンサルタント労務管理、年間約1500件の面談者とハローワーク18拠点との調整、労働局への報告に携わる。また、上場企業管理職からニート・フリーターまで、幅広いキャリアコンサルティングを実施。

2016年～2017年、セルフ・キャリアドック制度（企業領域キャリアコンサルタント）導入助成金を活用し中小企業を中心に100社以上に導入。

2016年国家資格登録、2017年独立。教育訓練助成金等を活用した企業に対するキャリアコンサルティング提案も実績有。

■キャリアコンサルタントの活動についてさらに詳しい情報を知りたい方へ

キャリアコンサルティング、セミナー等各種ご相談のある方は、お気軽にお問い合わせください。

E-Mail：karriere202005@gmail.com

URL：https://karriere-consultants.com/

企画協力　ネクストサービス株式会社　代表取締役　松尾昭仁
組　版　GALLAP
装　幀　ごぼうデザイン事務所
校　正　中司 敦子

「キャリアコンサルタント」で自立する方法

国も推奨！　今、最も注目の国家資格

2020年 6 月10日　第 1 刷発行
2022年10月20日　第 2 刷発行

著　者　佐渡　治彦
発行者　松本　威
発　行　合同フォレスト株式会社
郵便番号 184-0001
東京都小金井市関野町 1-6-10
電話 042（401）2939　FAX 042（401）2931
振替 00170-4-324578
ホームページ　https://www.godo-forest.co.jp
発　売　合同出版株式会社
東京都小金井市関野町 1-6-10
印刷・製本　株式会社シナノ

ISBN 978-4-7726-6167-6　NDC366　188×130

合同フォレストSNS

合同フォレスト
ホームページ

facebook　Instagram　Twitter　YouTube